Ecuador

www.merian.de
zeigt mehr aus den vier verschiedenen faszinierend-fremdartigen Welten Ecuadors. Versäumen Sie nicht das MERIAN-Gewinnspiel!

Meine Lieblingsplätze

◆

La Compañia de Jesús
Die schönste Kirche Quitos ist reich verziert, über und über mit Gold geschmückt.
(S. 38)

◆

Galapagos
Unvergesslich wird Galapagos wegen der Schnorchel-Ausflüge: Tausende bunte Fische, Furcht einflößende Hammerhaie, Seelöwen, die spielen wollen und friedliche Wasserschildkröten.
(S.104)

◆

Papallacta
Das Wasser der Thermen riecht zart nach Schwefel, die Vulkane rundum hüllen sich in sanften Nebel, und am Schwimmbecken flattern Kolibris. Eine ungewöhnliche Wellness-Oase.
(S. 124)

Liebe Leserin, lieber Leser,

wer durch Ecuador reist, muss ständig urteilen: „Was halten Sie von unserem Land?“, fragt jeder, dem man durch ein Lächeln die Aufforderung zum Sprechen gegeben hat. Eine ehrliche Antwort ist einfach und sehr schwierig zugleich.

Denn Ecuador ist faszinierend: Nirgendwo sonst können Reisende auf kleinerem Raum so vielfältige Landschaften, Kulturen, Tiere und Pflanzen bestaunen. Die karge, vulkanische Bergwelt, der Artenreichtum des Regenwalds, die unberührten Strände und Galapagos – das beeindruckendste Spielfeld der Evolution.

Doch Galapagos ist auch einer der Gründe, die es so schwer machen, Ecuador vorbehaltlos zu mögen. Es ist eine Schande, wie wenig die einzigartige Natur des Archipels geschützt wird. In zehn Jahren, das fürchten Experten, werden viele der endemischen Tiere und Pflanzen ausgerottet sein. Zu viele Zuwanderer, zu viele Touristen, zu viele eingeschleppte Arten zerstören die Inseln, wenn sich nicht schnell etwas ändert.

Genauso schrecklich: die skrupellose Ölförderung, die immer größere Flächen des Regenwaldes verpestet. Der Amazonas ist die grüne Lunge der Erde – wir alle brauchen ihn!

Drittens macht es mich wütend, wie eine korrupte Oberschicht das Land ausbeutet. Ecuador müsste nicht arm sein, es hat Erdöl, ist Bananen-Exportweltmeister, und der wachsende Tourismus bringt Geld ins Land. Aber fast ein Drittel der Bevölkerung ist ausgewandert. Fleißige, gebildete Menschen. Sie glauben nicht, dass sie in der Heimat eine Chance haben. Das ist traurig. Denn diese Heimat ist wunderschön. Und eine Reise unbedingt wert!

Herzlich, Ihr

Andreas Hallaschka
MERIAN-Chefredakteur

Ecuador teilt sich in klimatisch und landschaftlich sehr unterschiedliche Regionen, die „vier Welten“: Küste (Costa), Anden-Hochland (Sierra), Amazonas-Tiefland (Oriente) und die pazifischen, etwa 1000 km vom Festland entfernten Galapagos-Inseln.

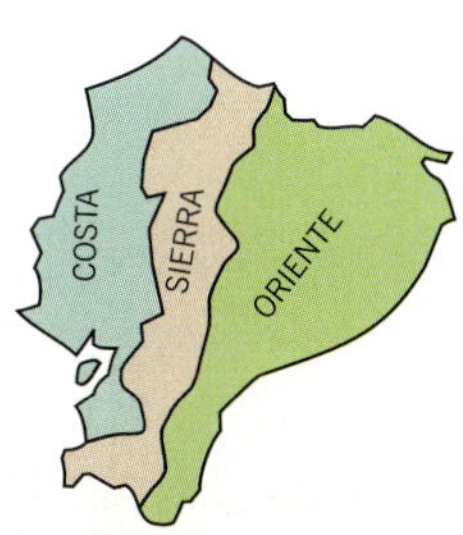

Für MERIAN unterwegs

Marc Oliver Schulz, Fotograf (rechts) und **Bjørn Erik Sass**, Schriftsteller (hoch zu Ross), reisten drei Wochen lang für MERIAN durch die Anden, den Amazonas und an die Küste. Seiten 12 und 28

Anja Haegele, Redakteurin dieses Heftes (links), angelte im Río Aguarico einen Piranha mit messerscharfen Zähnen. Seite 84
Karin Ceballos Betancur, Autorin aus Frankfurt, verliebte sich nach einer anstrengenden Fahrt entlang der Küste in Cuencas üppige Schönheit. Seiten 58 und 92

Andri Pol und **Verena Lugert** hätten das Jaguar-Baby am liebsten mit nachhause genommen. Obwohl es dort wohl ähnlich traurig wäre wie die Emigranten, die sie porträtierten. Seiten 70 und 74

INHALT

Ecuador

SEITE 48
SCHÖN GEFÄHRLICH
Der Cotopaxi ist der höchste frei stehende aktive Vulkan der Erde. Der letzte Ausbruch war vor 130 Jahren, der nächste steht kurz bevor, befürchten Experten

SEITE 58
HUT AB!
In Cuenca arbeiten Handwerker noch wie in alten Zeiten. Alberto Pulla, 81, eine Koryphäe seiner Zunft, flicht Strohhüte, seit er sechs Jahre alt ist

SEITE 84

AUF DEM ÖKOTRIP

Urlaub machen und dabei Gutes tun: Sozial verträglicher Tourismus schützt die Natur und bewahrt uralte Kulturen

SEITE 34 **WELTERBE**

Quitos koloniale Altstadt gehört seit 1979 zum UNESCO Welterbe der Kultur. Die Kirche San Francisco ist das älteste von 40 prächtigen Gotteshäusern

SEITE 104

TIERISCH NAH

Die Galapagos-Echsen fürchten den Menschen nicht – doch von ihm geht die größte Gefahr für den Archipel aus

SEITE 74

IM REICH DES JAGUARS

Im Amazonas-Tiefland leben die Cofánes wie ihre Vorväter: von und mit dem Wald

Bis zu 20 Meter lang werden Walhaie – die größten bekannten lebenden Fische. Sie ernähren sich von Plankton. Nahe der Galapagos-Insel Darwin haben Taucher stets gute Chancen, Walhaie zu sehen

Den Inkastaaten Peru, Bolivien und Ecuador war 1977 ein MERIAN-Heft gewidmet.

TIERISCHE ZAHLEN

140 000 Ziegen auf der Galapagos-Insel Isabela sind eine Gefahr für die endemische Flora und Fauna. Deshalb werden sie gejagt – meistens aus der Luft von Hubschraubern.
12 000 Paare zählt die Albatroskolonie der Galapagos-Insel Española.
3 600 kleine Zähne hat der Walhai. Sie sind in 300 dichten Reihen in seinem Maul angeordnet.
2 000 Insektenarten leben in einer einzigen Urwaldbaumkrone.
1 600 Vogelarten gibt es in Ecuador, das ist die Hälfte aller in Südamerika und ein Fünftel aller weltweit vorkommenden Arten.
200 Schlangenarten leben in Ecuador, darunter auch die besonders giftige rot-schwarz-gelb-geringelte Korallenschlange.
25 Quadratkilometer Jagdrevier braucht ein Jaguar zum Überleben.
2 Gramm nur wiegt der Waldstern-Kolibri, der kleinste Vogel Ecuadors (und der Welt). Er ist etwa so groß wie eine Hummel.

Die Farben der Freiheit

Die Flagge Ecuadors ähnelt auffällig der von Kolumbien und Venezuela, denn alle drei Länder waren bis 1830 als Republik Großkolumbien vereint. Die Farben symbolisieren die Befreiung von der Kolonialmacht Spanien (deren Farben gelb und rot sind) durch das Meer (blau). Guayaquil hat indessen eine ganz andere Flagge, die an die Farben Argentiniens erinnert. Die Stadt wurde nämlich nicht von Simón Bolívar, sondern von den Truppen des Argentiniers José de San Martín befreit. Dieser benutzte die Farben seiner Freimaurer-Loge (hellblau und weiß) für sein Banner.

FUSSBALL

Schwarze Magie

Fußball ist in Ecuador ein schwarzer Sport: Nur drei Nationalspieler haben weiße Haut, obwohl nur fünf Prozent der Bevölkerung schwarz sind. Die meisten von ihnen, Nachfahren afrikanischer Sklaven, leben im bitterarmen Chota-Tal. Von dort, aus dem 1000-Seelen-Dorf El Juncal, stammen die meisten Fußballtalente, zum Beispiel Augustín *„El Tín“* Delgado. Der heute 33-Jährige spielte beim englischen Erstligisten Southampton und schoss Ecuador gleich zweimal zur Endrunde der Fußball-Weltmeisterschaft: 2002 und 2006. Seinem Heimatdorf spendierte er 2001 eine Fußballschule. Gespielt wird auf einem Sandplatz voller Steine, was Ballzauberer *El Tín* vorteilhaft findet: „Zu viele Spieler auf einem kleinen Platz, da lernt man auf engstem Raum kombinieren und blitzschnell passen!“

Auf der Straße, ohne Schuhe: So lernen die Kinder in El Juncal Weltklasse-Fußball spielen

1000 Reisen und ein Ziel:
Intensiver*leben*
Studiosus-Reisen: Sehenswürdigkeiten, Kultur, Märkte, Strände und die Menschen. Fordern Sie jetzt kostenlos unsere aktuellen Kataloge an.
Per Telefon 00 800/24 01 24 01
(Gebührenfrei für D, A und CH)
Oder Internet www.studiosus.com
Studiosus

Export Schlager

Die Eroberer verschifften das Gold der Inka nach Europa, heutzutage verdient Ecuador an Öl, Rosen, Bananen, Shrimps, Kakao und Kaffee

GARNELEN

Shrimps-Chemie-Cocktail

Ecuador war eines der ersten Entwicklungsländer, das die industrielle Zucht von *camarones* für sich entdeckte. 1968 entstand die erste Shrimpsfarm, während der achtziger und neunziger Jahre avancierte das Land zum **zweitgrößten Garnelenexporteur der Welt. 2006 wurden mit dem Export von 119 913 Tonnen Shrimps 598 Millionen US-Dollar erwirtschaftet.** Gezüchtet werden die Shrimps an der Pazifikküste, in riesigen Becken, in denen sich bis zu 60 Tiere pro Quadratmeter drängen. **Die Aquakulturen werden mit Antibiotika, Chlor und Pestiziden versetzt, um die anfälligen Tiere vor Krankheiten zu schützen**, gefüttert wird eiweißreiches Fischmehl, damit die Krabben schneller wachsen. Doch nicht nur die Shrimps, auch das Wasser in den Zuchtbecken ist stark belastet, so dass es täglich ausgetauscht werden muss. Das verstärkt noch den **Süßwassermangel in den Küstengebieten.** Das verbrauchte Shrimpswasser wird meist direkt ins Meer gepumpt, wo es erst zu Überdüngung, später zum Fischsterben führt. Nach wenigen Jahren ist ein Shrimpsbecken unbrauchbar, zurück bleibt giftiger Schlamm voller Fäkalien, der die Böden verkrustet – und ein paar Kilometer weiter werden neue Becken angelegt. **Noch in den fünfziger Jahren war die ecuadorianische Pazifikküste von dichten Mangrovenwäldern gesäumt**, von denen 95 Prozent zu Gunsten der Shrimpindustrie abgeholzt wurden, was zu Küstenerosion, Versalzung des Grundwassers und Versandung der Flüsse geführt hat. **Eine Alternative sind Öko-Shrimps**. Die Deutsche Gesellschaft für Technische Zusammenarbeit (GTZ) entwickelte zusammen mit dem Öko-Anbauverband Naturland Standards für die biologische Zucht von Shrimps in Ecuador: nur 15 Tiere pro Quadratmeter, natürliches Futter wie Algen und Plankton, Verzicht auf Pestizide und Antibiotika. Das schont die Natur, ist gesünder – und die Garnelen schmecken auch noch besser!

ERDÖL

Schwarzes Gold

Der Exportschlager Ecuadors ist das Erdöl. 5,5 Milliarden US-Dollar – mehr als die Hälfte aller Einnahmen aus dem Export – waren 2005 dem Öl zu verdanken. Und **85 Prozent aller Investitionen aus dem Ausland fließen direkt oder indirekt in den Ölsektor**. Ecuador hat seine Förderlizenzen zum großen Teil an US-Konzerne vergeben und ist der zweitwichtigste südamerikanische Lieferant für die USA. Der größte Teil der Erdöl-Reserven liegt im Nordosten des Landes. Dort, in den Provinzen Napo, Orellana und Sucumbios ist die Sterberate mehr als doppelt so hoch wie in der Hauptstadt Quito. Jeder Dritte dort stirbt an Krebs, große Teile der Bevölkerung leiden an Atemwegs- und Hautkrankheiten. **Der Grund dafür sind vor allem marode Pipelines. Jedes Jahr verseuchen rund 5 Millionen Liter ausgelaufenes Rohöl den Regenwald, seine Flüsse, das Grund- und das Trinkwasser.** Seit Mitte 2004 ist eine Klage mehrerer Umweltvereinigungen gegen den US-Konzern Chevron Texaco anhängig, der seine Umweltsünden mit einem Schadensersatz in Höhe von drei Milliarden US-Dollar begleichen soll. Ein Urteilsspruch steht noch aus, jedoch scheiterte Chevron Texaco im Juni 2007 mit dem Versuch, vor dem New Yorker Bundesgericht ein Schlichtungsverfahren zu erzwingen.

Mitten durch den Regenwald werden die Pipelines für den Erdöltransport verlegt

KAKAO

Klasse statt Masse

Mit einem **Exportvolumen von 162 Millionen US-Dollar** zählt Ecuador längst nicht mehr zu den wichtigsten Kakao-Exporteuren, aber es belegt seit mehr als 100 Jahren die Spitzenposition in der Produktion von Edelkakao. Angebaut wird er in den Regionen Los Ríos, Guayas, El Oro und Manabí, meist von familiären Kleinbetrieben auf weniger als zwei Hektar Land. **Die Früchte sind rotbraun oder gelbgrün, wachsen aus kleinen, weißen Blüten heraus und werden bis zu 20 Zentimeter lang und 500 Gramm schwer.** Nach der Ernte werden die Bohnen aus der Frucht gelöst und fermentiert. Die Sorte „Arriba“, die auch „Cacao Nacional“ genannt wird, gilt als eine der besten der Welt.

BANANEN

Jede Vierte kommt aus Ecuador

In der Provinz El Oro rund um die Stadt Machala wachsen auf 150 000 Hektar jedes Jahr **4,6 Millionen Tonnen** des „grünen Goldes“, wie die Ecuadorianer die Bananen nennen. Mit einem jährlichen **Exportvolumen von 1,2 Milliarden US-Dollar ist das Land weltweit größter Exporteur der gelben Frucht.** 15 Prozent der Bevölkerung sind im Bananen-Business beschäftigt. **Für oft nicht mehr als 60 Euro im Monat arbeiten die Menschen auf den Plantagen.** Unbezahlte Überstunden und die Arbeit in mit Chemikalien behandelten Anpflanzungen sind die Regel. **Nur auf 10 Prozent der Anbaufläche wachsen biologisch und fair angebaute Bananen,** für die zum Beispiel der deutsche Verein BanaFair den Bauern statt des staatlich vorgeschriebenen Mindestpreises von 2,90 Dollar exakt fünf Dollar pro Karton zahlt.

Kaffee zählt zu den wichtigsten Devisenbringern des Landes. Angebaut wird er hauptsächlich in den Provinzen Manabí, Los Ríos, El Oro und Loja – auf rund 400 000 Hektar Land. 300 Millionen Kaffeebäume sind die Existenzgrundlage von 40 000 meist kleinen Farmen. Insgesamt produzieren sie jährlich mehr als 1,5 Millionen Säcke Kaffee – jeder wiegt 60 Kilogramm. Damit erwirtschaftete Ecuador im Jahr 2006 ein Exportvolumen von 96 Millionen US-Dollar, nach Deutschland wurden 4808 Tonnen im Wert von 16 Millionen Euro verschifft. Für einen 60-Kilo-Sack Kaffee muss ein Pflücker mindestens 100 gut tragende Bäume abernten – dafür braucht er drei bis sechs Tage.

ROSEN

Ein duftes Geschäft

Blumen aus den Anden im Wert von 426 Millionen US-Dollar exportierte Ecuador im Jahr 2006, 72 Prozent davon waren Rosen. Allein **nach Deutschland wurden mehr als 25 Millionen Stück im Wert von fast neun Millionen Euro geliefert**. Der Verkaufspreis in Deutschland liegt bei fünf Euro, während **der Einkaufspreis in Ecuador weniger als ein Zehntel davon beträgt, nämlich 48 Cent pro Rose.** Besonders die Regionen um Cayambe und Latacunga, in 3000 Meter Höhe gelegen, sind wegen ihres milden, frühlingshaften Klimas mit zwölf Sonnenstunden am Tag für den Blumenbau geeignet. Hier wachsen besonders große und stark duftende Rosen. Acht bis zehn Wochen dauert es, bis die Blüten geschnitten werden. Fast immer wird mit chemischem Dünger und Pestiziden gearbeitet. Pflege und Ernte der Blüten ist Frauenarbeit. **Nur wenige Plantagen verteilen Schutzkleidung an ihre Arbeiterinnen.** Wer möchte, dass seine Blumen nicht nur schön aussehen, sondern auch unter fairen Bedingungen angebaut wurden, sollte auf das „Flower Label Program“ (FLP) achten. Nach dessen Bestimmungen (Einhaltung der gesetzlichen Mindestlöhne, Schutzkleidung) arbeiten im Moment erst 42 von 400 Farmen in Ecuador.

Alle Texte: Constantin Härthe

Meerschweinchen am Spieß ist in den Anden eine Festspeise

AHNENKULT

Brot-Kinder

Auferstanden als Hefegebäck: Am 2. November, dem „Tag der Toten“, backen die Indios im Andendorf Calderón traditionell ihre *guaguas de pan.* Jedes dieser „Kinder aus Brot“ symbolisiert einen Verstorbenen der Familie, denen an diesem Tag die Ehre erwiesen wird. Sie sitzen beim Essen mit am Tisch und begleiten die Hinterbliebenen zum Friedhof. Dort werden sie dann ganz feierlich aufgegessen.

Guaguas de Pan – mit Zuckerguss verzierte Hefeteigfiguren

DELIKATESSE

Anden-Döner

Italiener essen Singvögel, Chinesen Hunde und Pfälzer Saumagen: fremde Kulturen, fremde Essgewohnheiten. Wer als Kind sein Meerschweinchen liebte, wird die Leibspeise der Quechua ganz besonders hassen: Seit fast 5000 Jahren werden in den Anden *cuy* verzehrt: gegrillt, gefüllt oder mit süßsaurer Soße. Meerschweinchenfleisch ist eher fettig, die Haut wird besonders knusprig, wenn die Tiere über glühenden Kohlen geröstet werden. Eklig? Mal ganz ehrlich, liebe Tierfreunde, auch bei uns werden die meisten Meerschweinchen nicht gekuschelt, sondern in Tierversuchslabors gehalten und gequält …

Ecuadollar

Den Patriotismus der Ecuadorianer konnte der US-Dollar nicht ganz verdrängen, als er 2000 den Sucre als Landeswährung ablöste. Das Kleingeld – weiterhin Centavos – prägen sie selbst. So hält für die 50-Centavo-Münze der Nationalheld Eloy Alfaro den Kopf hin. Verdient hat er es: Der zweimalige Präsident (1895-1901, 1906-11) war ein liberaler Politiker, der das Los der Landarbeiter erleichterte, Kirche und Staat voneinander trennte, das Bildungswesen säkularisierte, die Religionsfreiheit und Zivilehe einführte und die Todesstrafe abschaffte. Die Münze mit dem Sozialrevolutionär hat den gleichen Wert wie der US-Halfdollar mit Kennedy oder Franklin. Monetär sowieso, und im Übrigen vollkommen zu Recht.

KALTE FRACHT

Gletscher-Eis

In einer anderen Zeit, als es weder Kühlschränke noch Eismaschinen gab, da waren *hieleros* wie Baltazar Ushca Helden. Heute ist er der letzte seiner Art, der letzte Eisholer vom Chimborazo. Zweimal in der Woche steigt der 64-Jährige mit seinen Eseln auf den vergletscherten Vulkan und hackt in knapp 5000 Metern über dem Meer Eisblöcke aus seiner Mine. Kristallklar sind sie, etwa 20 Kilogramm schwer und durchzogen von grauen Streifen eingefrorener Vulkanasche. Ushca schafft das in dickes Andengras verpackte Eis auf den Markt, eine Delikatesse, ohne Chlor, süßlich im Geschmack und so dicht, dass es fünf Tage lang hält. 1,70 Euro bringt ein Block, doch die Nachfrage schmilzt. Denn das Eis aus den Fabriken kostet nur halb so viel.

Zuerst die Arbeit … Später wird das Eis in Säften oder als Speiseeis verkauft

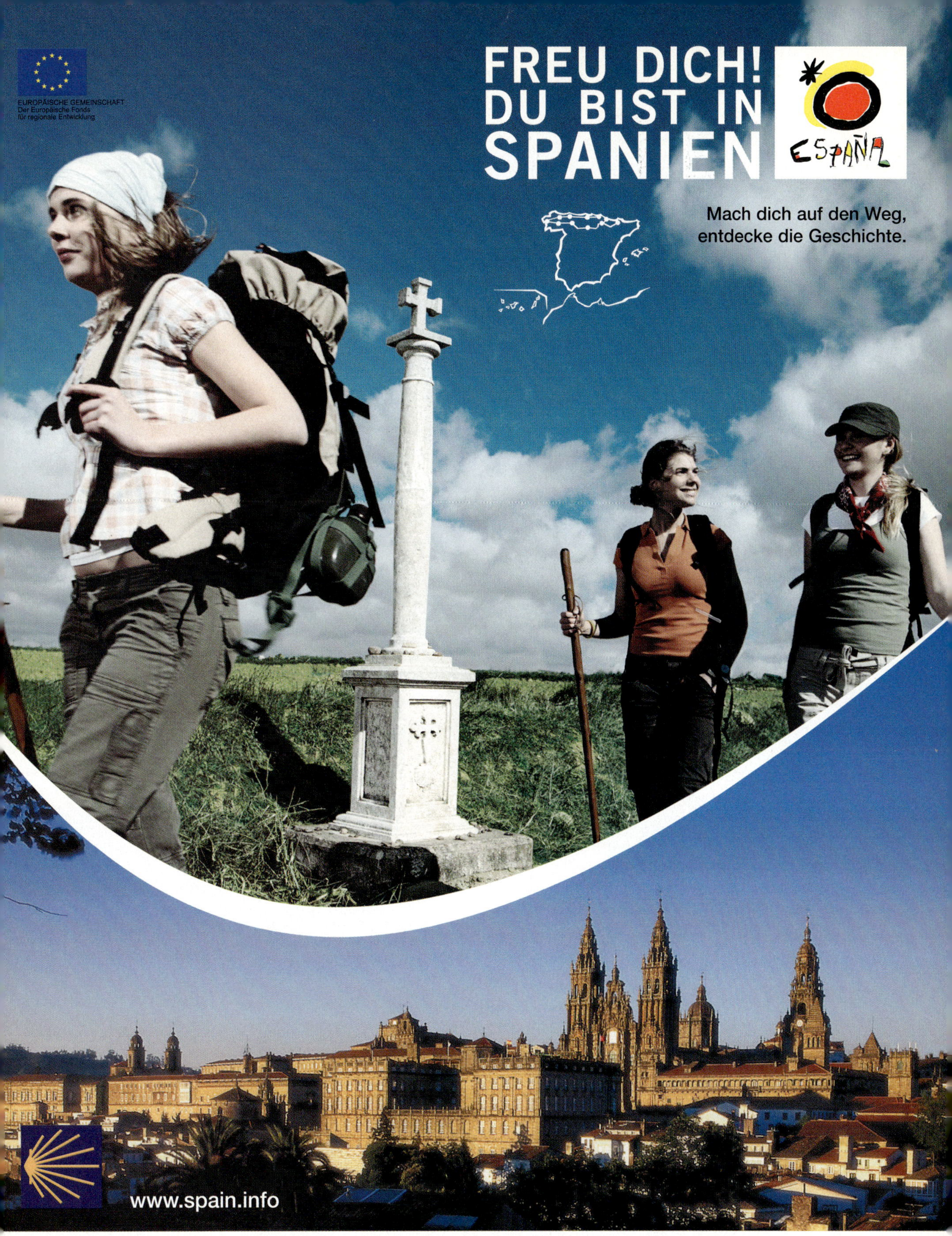
EUROPÄISCHE GEMEINSCHAFT
Der Europäische Fonds für regionale Entwicklung
FREU DICH! DU BIST IN SPANIEN
ESPAÑA
Mach dich auf den Weg, entdecke die Geschichte.
www.spain.info

Ecuador AM NABEL

Anden, Amazonas,

In der Kraterlagune von Quilotoa auf 4016 Metern über dem Meer spiegeln sich die vorbeiziehenden Wolken. Sie ist eines der schönsten Ziele für Wanderer oder Reiter

DER WELT

Pazifikküste und Galapagos – vier Welten in dem Land am Äquator

Foto: Bertrand Gardel

Foto: Marc-Oliver Schulz

KATHEDRALEN FÜR DIE EWIGKEIT

Die Neue Kathedrale, das Wahrzeichen von Cuenca. Das leuchtende Blau auf den Kuppeln ist der Farbe des Mantels nachempfunden, den die Unbefleckte Jungfrau trägt, die Schutzheilige der Stadt

Foto: Tui de Roy

GESCHÖPF DER EVOLUTION

Riesenschildkröte der Unterart „Vandenburghi“ auf dem Kraterrand des Vulkans Alcedo. Auf den fünf Vulkanen der 1000 Kilometer vom Festland entfernten Galapagos-Insel Isabela entwickelten sich fünf Schildkrötenarten. Während der Entstehung der Insel waren die Vulkane nämlich durch das Meer getrennt, erst später wuchsen sie zusammen

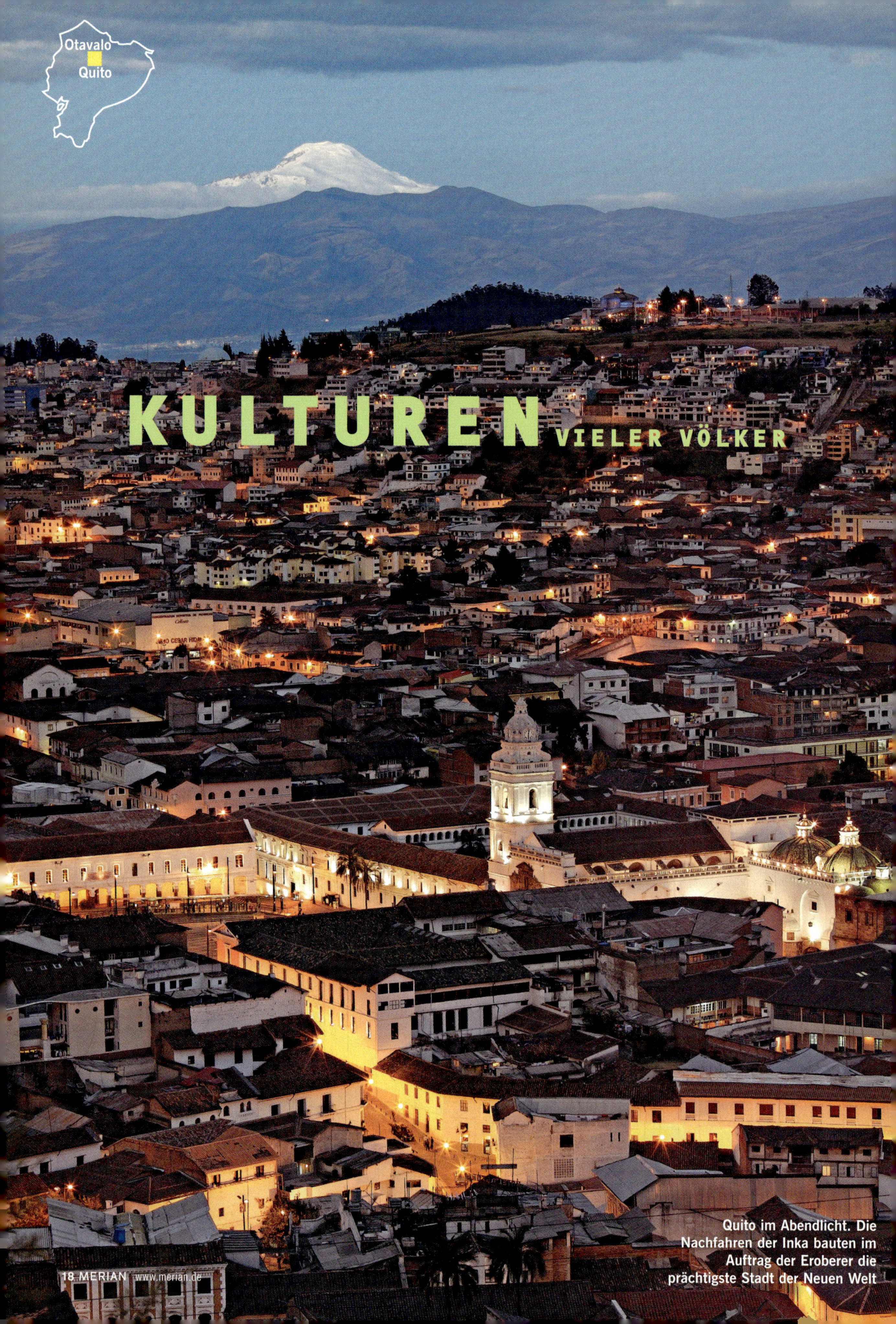

KULTUREN VIELER VÖLKER

Quito im Abendlicht. Die Nachfahren der Inka bauten im Auftrag der Eroberer die prächtigste Stadt der Neuen Welt

Bestickte Blusen und viele Lagen goldener Ketten: Die Tracht der Otavaleñas. Großmutter und Enkelin freuen sich, denn auf dem Samstagsmarkt in Otavalo kaufen die Touristen Koffer voller Souvenirs. Das hat ihren Stamm reich gemacht

Fotos: Miguel Gonzalez (li), Marc-Oliver Schulz

Cotopaxi, „sanfter Nacken des Mondes“, so nannten die Quechua den 5 897 Meter hohen Vulkan. Zuletzt erwachte der Riese im Jahr 1877 aus dem Schlaf, spuckte Lava und Asche, ließ Schlamm, Gestein und Eismassen als Lawinen rollen. Als stamme er aus der Hölle – und nicht vom Mond

GIPFEL AUS FEUER UND EIS

Foto: Marc-Oliver Schulz

EINKLANG MIT DER NATUR

Totenkopfäffchen tragen ihren Namen wegen der auffälligen Zeichnung des Gesichts. Sie ernähren sich von Früchten und Insekten

Beim Spielen zwischen den Bäumen lernen die Kinder der Cofánes von Chandya Nae den Urwald lieben

Fotos: Marc-Oliver Schulz (li), Andri Pol

Foto: Christoph Otto

Reich geschmückt waren die Salons der Herrschaften in den prächtigen Stadthäusern an Cuencas Parque Calderón. Heute gehört das Gebäude einer Tourismusorganisation

GLANZ VERGANGENER ZEITEN

Frühmorgens kehren die Fischer von Puerto López zurück an den Strand. Es gibt keinen Hafen, die Schiffe ankern im flachen Wasser. Begleitet vom Geschrei der Möwen und Pelikane schleppen die Männer den Fang der Nacht in großen Kisten und Eimern an den Strand, wo er direkt verkauft wird

FRÜCHTE DES MEERES

Foto: Christoph Otto

BJØRN ERIK SASS ließ sich von Ecuador ganz leicht erobern – auch wenn er sich während seiner Reise bisweilen selbst wie ein Konquistador fühlte

WO DIE BERGE IN DEN WOLKEN KUSCHELN

In Ecuador kann eine einfache Kartoffelsuppe tolle spätkoloniale Gefühle auslösen. Das klingt vielleicht nicht sehr modern, aber dafür fahre ich auch nicht nach Südamerika. Dazu muss man wissen, dass ich ganz armselig Spanisch spreche. Deshalb reise ich mit Carlos. Carlos spricht Englisch und fährt einen Jeep; so bringt er mich sicher an die hübschesten Flecken Ecuadors, von den Bergen in den Dschungel und an die Küste, er übersetzt und erklärt, worauf es ankommt in seinem Land.

Die ersten zwei Tage spaziere ich mit Carlos durch Quito. Ich höre von den Zivilisationen der Chimú und Chibcha, von den Kämpfen der Quitu-Cara gegen die Inka, von heldenhaften indianischen Generälen und goldgierigen Konquistadoren. In dieser kurzen Zeit gehe ich in mehr Kirchen als zu Hause in vielen Jahren, ich freue mich über rettende Jungfrauen mit Flügeln, rächende Engel und tonnenweise Blattgold, denn fade Funktionalität gibt es in Quitos Kirchen nicht.

Überwältigt jubele ich an einem Montagmittag beim Wachwechsel an der Plaza Grande Rafael Correa zu: Der Präsident der Republik winkt von der Balustrade herab. Für Carlos eine prima Gelegenheit, mir die wichtigsten Lebensdaten und Liebesaffären der ecuadorianischen Staatsführer seit der Unabhängigkeit darzulegen. Alles sehr spannend. Und so ist es bestimmt nur die Höhe, die mich erschöpft: Quito liegt auf 2800 Meter, das sind 2780 Meter mehr als mein Kieler Schlafzimmer im Dachgeschoss.

„*La redención es en Cristo Jesús!* – Christus ist die Erlösung!", ruft ein Laienprediger und zeigt dazu in den Himmel. Seiner Hand ist anzusehen, dass sie noch mehr Ackerkrumen als Bibelseiten gewendet hat. Ich glaube ihm jedes Wort, denn wie die meisten seiner Landsleute ist er tadellos frisiert; er trägt schwere Stiefel und einen Schlips zu seinem karierten Hemd. Auch darum ist Ecuador ein großartiges Land: Wenn ein Mann hier zum Friseur geht, machen sie aus ihm keine japanische Comic-Figur. Stattdessen verpassen ihm würdige Barbiere einen klassischen Haarschnitt, und mit reichlich Brillantine ziehen sie einen Scheitel, schärfer als die Äquatorlinie. Wahrscheinlich sind sie deshalb so entspannt. Das Haar sitzt perfekt.

Nach diesem großstädtischen Einstieg findet Carlos, mir täte frische Luft gut. So fahren wir auf der Panamericana hinaus ins Land. Da wimmelt es dann rechts und links von Vulkanen, und Carlos kennt zu jedem mindestens eine Geschichte. Zum Schnee etwa, den wir auf dem Gipfel des Cotacachi sehen, sagt Carlos: „Schau, Vater hat letzte Nacht einen Besuch gemacht!" Das klingt nach einer tief spirituellen Legende. Carlos zeigt auf einen zweiten Vulkan: „Das ist Taita Imbabura, Vater Imbabura. Cotacachi ist eine Frau. Wenn ihr Gipfel Schnee trägt, hat Imbabura sie in der Nacht zuvor bestiegen." Die sanfte Grundstimmung, in die Ecuador einen ganz schnell bringt, vielleicht auch mein anhaltender Höhenkoller, verhindern, dass ich erröte. Wenn es irgendwo passt, dass zwei Berge miteinander schlafen und später in den Wolken kuscheln, dann hier.

Sex macht hungrig, selbst beim Zugucken. Zeit für die Kartoffelsuppe. Die gibt es überall in Ecuador, sie heißt *locro,* und meine erste hatte ich in der Hacienda La Cienega. Deutsche Touristen müssen dorthin, weil Alexander von Humboldt sich auf diesem Gut vor mehr als zweihundert Jahren einen Tag lang erholte. So stehe ich vor dem Bett, in dem er schlief, streiche über den Tisch, an dem er vielleicht schrieb, schaue vom Balkon hinüber zum Cotopaxi und dann die Allee-Einfahrt hinunter. In der Ferne sehe ich das Landvolk fleißig auf den Feldern arbeiten.

Ich müsste jetzt sagen, wie froh ich bin, dass die früher riesigen Latifundien längst aufgelöst und an arme Bauern verteilt worden sind. Aber das fällt schwer in dieser Umgebung. Auf dem Weg durch die Hacienda deuten die Zimmermädchen einen Knicks an, und die Gärtner nehmen den Hut vom Kopf. Kann aber auch sein, dass ich mir das nur einbilde im beginnenden Gutsherrenwahn.

Um den auszukosten, mache ich einen Ausritt. „*Un caballo por el señor!*" – Ein Pferd für den Señor!", ruft die Empfangsdame einem alten Mann zu. Das schmeichelt mir, denn zu Hause nennt mich niemand Señor, und ich fühle mich meist auch nicht so. Minuten später sitze ich mit meinem Pana-

Der Schriftsteller Bjørn Erik Sass reitet mit Hut und Poncho die Allee zur Hacienda La Cienaga entlang

mahut und meinem dunkelblauen Poncho aus Otavalo auf einem Pferd. Sehr vorsichtig, um nicht herunterzufallen, denn das wäre nicht gut für mein neues, vornehmes Selbstbild.

Die Luft mit Rosenduft aus den nahen Gewächshäusern erfüllt, in der Ferne diese grandiosen Berge, knarzendes Sattelleder, am Wegesrand grüßen freundlich die *campesinos* – meine Aristokratenfantasien werden immer schlimmer. Bis zum Essen geht das so, ich sitze vor silbernen Kerzenständern, ein Mädchen mit knöchellanger Schürze und bunt bestickter Bluse bringt die Kartoffelsuppe, und als sie mit umwerfendem Augenaufschlag *„buen provecho, señor"* haucht, fühle ich endgültig, dass ich dieses Land erobert habe.

Die *locro*, mit Käse und Avocado, ist lecker, und scharf genug ist sie auch. Aber am Nebentisch sitzen Mexikaner. Also sagt Carlos: „Manche sagen, mexikanischer Chili sei der schärfste. Ich mag ihn nicht. Ich denke, Chili aus Ecuador ist der beste!", und er kippt sich großzügig Ají-Chili-Sauce in die Schüssel. Wenig später muss er viel husten, aber das liegt daran, dass er eine andere Zigarettenmarke als sonst raucht. Sagt er.

In die Jetztzeit komme ich dank der Musik-Combo wieder zurück, die das Mittagessen untermalt. Dazu muss ich sagen, dass ich total auf diese Flöten- und Gitarrefolklore stehe. Muss mich immer bös zusammenreißen, nicht loszuheulen. So lange sie nicht „El Condor pasa" spielen. Davon wird mir schlecht. Nach den ersten Tagen in Ecuador fühle ich mich aber sicher: Alles Mögliche höre ich, Bryan-Adams-Coverversionen, die Beatles, nur niemals, niemals mein Schreckstück. Bis zu diesem Nachmittag in der Hacienda Cienega. Da kommt es gleich als Erstes. Und mit einem Schlag ist es aus mit meinem *latifundista*-Wahn.

Dass ich keinen echten Kondor zu sehen bekomme, erklärt Carlos übrigens so: Einst gab es in Ecuador die meisten Kondore Südamerikas. Doch dann betrog eine Frau ihren Mann und blieb die ganze Nacht fort. Wo bist du gewesen?, fragte er. Der Kondor hat mich fortgetragen, sagte sie. Der Mann schlug alle Kondore tot, die er fangen konnte. Den Rest haben die Spanier zum Sport erlegt.

So reisen wir durchs Land. Nachts brennen auf Feldern hoch am Hang Rodefeuer, und ich denke an Cañari-Mondopfer, morgens schaue ich der Sonne zu, wie sie hinter Gaswolken spuckenden Bergen hervorkriecht, und habe die Inka im Kopf. An den Marktplätzen versuche ich mir zu merken, wo genau die Hüte in welcher Form getragen werden, und freue mich über die schwarzhaarigen Frauen, die so gar keine Angst vor Farbe haben, die reichlich Goldschmuck zu roten Capes anlegen und gerade zwei Fingerbreit rosa Unterkleid unter grünen Röcken hervorblitzen lassen.

Den Männern sehe ich beim Ecuavolley zu. Ecuavolley ist die hiesige Variante des Volleyball, mit drei Spielern und einem – Vorsicht! – Fußball gespielt. „More fun", sagt Carlos. Nach dem Match haben alle knallrote Handgelenke und ein paar Jungs stecken bündelweise Dollars in die Hosentaschen, denn auf ein anständiges Ecuavolley-Spiel wird immer gewettet.

Zur Abwechslung von der ewig guten Laune in den Bergstädtchen bringt mich Carlos in den Nebelwald. Der Nebelwald, um es mal nicht botanisch zu erklären, ist ein Regenwald, in dem es selten regnet, aber fast immer sehr neblig ist. Das ist einerseits wunderschön mit all den Vögeln, Bäumen und dem anderen Grünzeug, andererseits auch etwas theoretisch, denn der Nebel dämpft jede Wahrnehmung. An den Lodges werden Kolibris mit Zuckerwasserspendern vor die Kameras gelockt. Dabei muss ich mit ansehen, wie ein besonders dämlicher

Flattermann beinahe mein Bier umstößt. Achtzig Flügelschläge in der Sekunde, aber nicht genug Grips, eine Flasche Bier zu umschwirren, denke ich. Der Arme, ruft eine beige, ältere Dame, ach, war der putzig, eine zweite. Sie sind im Vollkomfortbus unterwegs und bombardieren ihren Reiseleiter mit Fragen, die klingen, wie schon vor der Reise auswendig gelernt. Mein Bier rührt niemanden. Stattdessen schwärmen sie von der Vielfalt der ecuadorianischen Landschaften.

Da kann ich nicht widersprechen, und manche nennen Ecuador sogar pompös „das Land der vier Welten", weil es erstens die Berge gibt, zweitens den Urwald, drittens die Küste und am Ende, weit draußen, noch viertens den Galapagos-Archipel. Und so nah diese Regionen manchmal beieinanderliegen, so wenig haben ihre Menschen, ihre Natur und ihr Klima gemeinsam. Weil aber irgendwo im Land immer die Sonne scheint, kann man dort auch das ganze Jahr umherreisen.

Weil es außerdem keine einzige Mücke in mein Schlafzimmer schafft, bin ich am Morgen entspannt genug, mich durch den Wald führen zu lassen. José, unser *guía local*, stochert mit seiner Machete in Tarantelnestern, verteilt glitschige Kakaobohnen zum Naschen, zeigt Heilpflanzen und klopft auf einen Ast, aus dem sofort Hunderte stinksaurer Ameisen geschossen kommen, die er *aztecas* nennt, weil sie genau so aggressiv und mutig sind. Das färbt ab: Zum Abschluss der Tour steigen wir auf ein selbst gebautes Floß und treiben flussabwärts. Noch zehn Minuten bis zum Mittagsbüfett.

Essen in Ecuador, da fällt zwangsläufig das Stichwort Meerschweinchen. Dazu würde ich gern eine Heldengeschichte beisteuern. Ich kann es nur leider nicht. Immer wieder stehe ich mit Carlos vor *cuy*-Bratereien und starre in diese kleinen Gesichtchen, die die Glut zu einem Grinsen erstarrte. Auf der Fahrt vom Dschungel an den Pazifik bin ich kurz davor zu ordern, denn ich weiß, an der Küste gibt es diesen Leckerbissen nicht, und ahne, dass meine Menüentscheidung auch Carlos' Bild vom nordeuropäischen Mann beeinflussen wird. Aber ich kann nicht essen, was mich anlächelt, Weichei hin oder her.

Weil irgendwo immer die SONNE SCHEINT, kann man auch das ganze Jahr im Land umherreisen

Nach dem harmlosen Nebelwald fühle ich mich bereit für den richtigen Dschungel. Carlos bringt mich an den Río Napo, der später, weit im Osten, in den Amazonas mündet. Wir steigen in ein motorisiertes Langboot, es ist heiß und feucht, und ich denke an kriechende Parasiten und Larven und Spinnen, an Schlangen, Kaimane und Piranhas, an Ruhr und Fieber auf wochenlangen Flussfahrten. Doch ein paar Hundert Flussmeter weiter sind wir an der Lodge.

Schnell merke ich, keine Gefahr, das wildeste Tier, das dort lebt, ist ein Papagei, der zwar spricht, aber eine ganz fürchterliche Aussprache hat. Am späten Nachmittag schaukele ich mit einem Gin Tonic in der Hängematte auf der Veranda meines Zimmers, und ringsum tobt ein Gewitter. Und in der Nacht raunt und gurgelt der Fluss das beruhigendste Schlaflied, das ich je gehört habe. Das ist so ein Geräusch, das jeden Gedanken mit sich fortzieht, bevor er den Schlaf überhaupt stören könnte.

Die Alphabullen-Frage ist ohnehin längst geklärt. Auf dem Cotopaxi stieg ich auf 4600 Metern aus dem Auto, setzte die Gletscherbrille auf, schnürte den Parka fest zu – und kotzte nach zehn Metern höhenkrank in den Schnee, während Carlos in seinen Sandalen zu mir herüberschlappte, eine Zigarette anzündete und erzählte, wie er als Bergführer vor Jahren in einer einzigen Woche viermal bis zum Kraterrand und wieder hinunterstieg, bevor er am Wochenende zu einer Rettungsexpedition zum noch viel höheren Chimborazo rasen musste. Schön, wenn die Rollen so klar verteilt sind.

Das zeigt sich auch im Kontakt mit der Bevölkerung. In Guayaquil, das zur Costa zählt, aber mit seinen rund drei Millionen Einwohnern eine eigene Landschaft ist, sitzen wir am Malecón 2000, der Promenade am Río Guayas; Carlos trinkt Wasser, ich Bier, um locker zu werden, und er zwinkert und flirtet und bekommt reichlich positives Feedback, während ich wie immer die Säule gebe und stumm bewundere, wie lässig die Männer sind und wie sexy die Frauen, die ihre Hüften so weich und träge durch die Stadt schwingen wie der Fluss seine beiden Zuläufe, den Daule und den Babahoyo.

Auf Frauen und all das komme ich auch mit Steve zu sprechen. In Puerto López ist das, wo ich, müde vom Surfen, Schnorcheln und Kajakfahren, am Strand den Pelikanen zuschaue. Es gibt hier auch Wale, aber am Meer mag ich nun einmal Pelikane am liebsten. Immer wieder fliegt ein knappes Dutzend dieser Vögel parallel zum Ufer über der Brandungslinie. Sie bewegen sich in perfekter Formation, dicht hintereinander steigen und sinken sie und ziehen unendlich elegante Schleifen, bis sich schließlich dann und wann einer zum Fischen fallen lässt.

Steve aus Seattle stellt sich zu uns. Das Gespräch eröffnet er mit der klassischen Frage aller Ecuador-Reisenden: Ob ich schon auf Galapagos war. Ich werde die Inseln gar nicht besuchen und finde das nicht mal schade. Steve schaut misstrauisch. Dann erzählt er uns von den wundervollen Vogelarten dort. Steve schaut sich um, seine Frau und die beiden Kinder sind weit weg. Es gibt da zwei Spezies, sagt er, die heißen *blue footed boobie* und *red footed boobie*, Blaufußtölpel und Rotfußtölpel. Steve kichert aufgeregt. Es gab dort ein T-Shirt zu kaufen mit dem Spruch „*I love boobies*", und das ist so lustig, weil *boobie* auch ein legeres englisches Wort für Brüste ist. Und? Steve fängt sich wieder. „Als erwachsener Mann kannst du ja nicht mit einem Ich-liebe-Titten-T-Shirt herumlaufen, wenn du ernst genommen werden willst", sagt er und klingt resigniert. Das hat Carlos einfach nicht verstanden. „Ein Mann muss doch das Schöne lieben dürfen", sagt er. □

Bjørn Erik Sass, *Schriftsteller, schätzt die Hutkultur in Ecuador: Menschen mit Hüten sehen einfach gut aus.*

Der schönste Platz
auf dem Meer.
Costa
Costa
Costa
KREUZFAHRTEN
Die Nr. 1 in Europa!
Von Kontinent zu Kontinent
Erleben Sie an Bord der Costa Magica paradiesische Ziele zwischen den Kontinenten. Auf dieser Traumkreuzfahrt über den Atlantik erwarten Sie die pulsierende Metropolen Südamerikas, tropische Landschaften und die wildromantischen Atlantischen Inseln. Landgänge wechseln mit entspannenden Seetagen ab – die perfekte Symbiose von Erlebnis und Erholung.
19 Tage von Südamerika nach Europa
Termin: 27.02.- 16.03.2008
Santos • Rio de Janeiro • Ilhabela • Salvador da Bahia • Teneriffa • Casablanca • Savona
2-Bett Innenkabine mit Vollpension p.P. ab € 999,-*
Jetzt in Ihrem Reisebüro. Infos unter www.costakreuzfahrten.de
* Preise zzgl. € 30,- p.P. Treibstoffzuschlag.

CHRISTIAN SCHMIDT-HÄUER hat das kriselnde Land am Äquator ins Herz geschlossen: Den friedlichen Charakter der Ecuadorianer und ihren Brauch, lange über Konflikte zu diskutieren, hält er für vorbildlich

DAS ÄRMSTE DER REICHEN LÄNDER

Den Bauern der Provinz Guayas erschien der Kandidat wie der Messias. Im blütenweißen Hemd auf einem Schimmel reitend. Er sprach in ihrer Zunge, Quechua, der Sprache der Hochlandindianer: „Die politischen Eliten haben uns alles gestohlen. Nur die Hoffnung können sie uns nicht rauben." Rafael Correa schwor, er werde das Land von Korruption und alten Kasten erlösen.

Ein paar Wochen danach wurde er im November 2006 von rund 60 Prozent der Wahlberechtigten zum achten Präsidenten Ecuadors innerhalb von nur zehn Jahren gewählt. Keiner der sieben Vorgänger füllte sein Amt über die volle Zeit aus. Seit Gründung der Andenrepublik im Jahr 1830 erlebt Ecuador den ständigen Wechsel von Neuwahlen und Staatsstreichen. Die Staatsoberhäupter folgten einander wie Sommer und Winter, viele Jahreszeiten haben mehrere Präsidenten gesehen. Einmal waren es sieben auf einen Streich, die gemeinsam regierten. Jeder von ihnen trat turnusmäßig für eine Woche als Staatsoberhaupt an. Diese Junta de Gobierno Provisional aus Generälen und Juristen war 1925, nach einem unblutigen Putsch, an die Macht gekommen. Seither hat es Ecuador auf stolze 46 Präsidenten gebracht. Der bedeutendste unter ihnen, José María Velasco Ibarra, wurde zwischen 1934 und 1968 sogar fünfmal gewählt. Aber nur einmal konnte er eine volle Amtszeit regieren. Viermal wurde er gestürzt, dreimal musste er in die Verbannung.

Ecuador ist das instabilste Land Lateinamerikas – und zugleich das friedfertigste. So ganz absurd erscheint der Vergleich daher nicht, den der im Januar 2000 abgesetzte Präsident Jamil Mahaud gezogen hat: „Ecuador ist wie die ‚Titanic', aber wir werden nicht sinken!" Überall sonst in Lateinamerika hätten die ständigen Zusammenstöße zwischen nur die eigenen Interessen steuernden Familien-Clans und auf Gegenkurs treibenden Volksmassen das Staatsschiff ungleich schwerer beschädigt. Die beiden großen Nachbarn bezeugen das mit düsteren Kapiteln ihrer jüngsten Geschichte: Peru litt zwei Jahrzehnte unter den mörderischen Pseudo-Revolutionären des „Leuchtenden Pfads" und gnadenlosem Gegenterror der Armee. Kolumbien wird von der *violencia*, der Gewalt, seit Jahrzehnten verheert. Drogenbarone und Warlords, linke Rebellen und rechte Paramilitärs haben 3,8 Millionen Menschen vertrieben – nur der Sudan hat mehr Binnenflüchtlinge.

Von Ecuador geht keine vergleichbare Gewalt aus. Aber die ausgegrenzte Mehrheit läuft immer wieder Sturm gegen eine dünne Oberschicht, die das Land plündert und das Leben der anderen erniedrigt. Durch Korruption, politischen Klientelismus und einer auf latenten Rassenschranken gründenden Hierarchie.

Über die Jahre haben die Straßenproteste zur Emanzipation der Gesellschaft beigetragen – womit die Andenrepublik den linken wie rechten Mythos Lateinamerikas entkräften half, dass Fortschritt nur mit Gewalt durchzusetzen sei. Ecuador hat vor allen anderen südamerikanischen Staaten das Wahlrecht für Frauen eingeführt. Früher als die übrigen katholischen Länder ließ es Ehescheidungen zu. Und die indigene Bewegung drängte mit wachsender Organisationsfähigkeit den Rassismus der Oberschicht zurück. Noch vor 20 Jahren waren Millionen von Indios nichts als Bittsteller. Seit den neunziger Jahren wurden sie zur wichtigsten sozialen Kraft des Landes und sind mit Filzhüten und Halsketten in die Staatssekretariate eingezogen. Ihre Partei, „Pachakutik", ging 2003 sogar eine exotische Koalition mit dem frisch gewählten Obristen Lucio Gutiérrez ein, und Nina Pacari, eine Vorkämpferin der *indígenas*, wurde als erste Indianerin der Weltgeschichte als Außenministerin vereidigt. Doch schon nach 200 Tagen zerbrach die Koalition – die Indios fühlten sich vom nach rechts driftenden „Lucio" verraten.

Ecuador könnte ein reiches Land sein. Es nimmt unter den Ölexporteuren Südamerikas den vierten Platz ein. Doch der größte Anteil der Renditen fließt einer paternalistischen Privatwirtschaft und ausländischen Unternehmen zu. Dem schwachen Staat dagegen beschert der Ölboom rostende Brachen und kontaminiertes Grundwasser, geschädigten Regenwald und zerstörte Lebensgrundlagen der Amazonas-Stämme.

Der Widerspruch zwischen der Armut vieler Menschen und dem missbrauchten Wohlstand des Landes ist krass. Transparency International stuft Ecuador als das korrupteste Land Südamerikas nach Venezuela ein. Die Reichen bedienen sich ohne jede Rücksicht darauf, dass die Armen immer mehr verlieren. „Keine Regierung", sagt der Publizist Francisco Rhon, „hat es je geschafft, die subversive Energie der Reichen zu brechen." Es bleibt dabei: Jeder dritte Bürger Ecuadors muss von einem Dollar pro Tag leben. Diese Armut hat fast vier Millionen Landeskinder vertrieben, sie arbeiten, oft illegal, in Nordamerika oder Spanien und schicken Devisen nach Hause. Ganze Dörfer leben von diesen Geldtransfers aus der ersten Welt. (s. auch S. 70)

Mit der Übernahme des Dollars als Landeswährung haben die zu eigener Geldpolitik unfähigen Politiker im Jahre 2000 zwar die Inflation gestoppt, doch der Preis für den Dollar ist hoch: Für die Bereitstellung der Geldscheine kassiert die US-Notenbank jedes Jahr Millionen. Und die Wettbewerbschancen der örtlichen Produzenten sind durch die fremde Währung gesunken. Auf dem Land gibt es wenige Arbeitsplätze, kein Arbeitslosengeld und kaum Sozialhilfe. Was Wunder, dass viele für Rafael Correas Devise stimmten: „Ich bin gegen alle Parteien!"

Politischer Populismus ist in Ecuador seit jeher Teil der politischen Kultur und wird es bleiben, solange Recht und öffentliche Hand die ärmeren Schichten nur bedingt einbeziehen. „Während die Oligarchie davon lebt, den öffentlichen Sektor wie eine Zecke auszusaugen", formuliert Francisco Rhon drastisch, „sind die demokratischen Institutionen nicht dafür ausgelegt, dass der einfache Mann sein Recht bekommt. Und vor Gericht werden meist nur die Ponchoträger konsequent zur Verantwortung gezogen."

Warum aber gehen die Leute in den Ponchos immer wieder auf die Barrikaden, ohne sie anzuzünden? Weshalb enden Putsche und soziale Konflikte zumeist mit einem Operettentusch und nicht als Tragödien wie bei den Nachbarn? Die Ecuadorianer bilden im Grunde keine Nation, sondern einen regionalen Zusammenschluss mit großem geopolitischen Gefälle. Die eigentlichen Machthaber sind bisher die starken Provinzen. Das rauere und gewalttätigere Klima herrscht an der Pazifikküste, wo die mächtigsten Wirtschaftsgruppen in der Handelsmetropole Guayaquil ihr Zentrum haben. Hier verbinden sich Unternehmertum und Populismus zu Autonomiebestrebungen, die in Quito immer wieder Trennungsängste erzeugen, denen die Landeshauptstadt mit exzessivem Zentralismus begegnet.

„Wie auf dem Balkan", so sieht es der Politologe Jorge León, „verbringen wir unsere Zeit damit, zu verhindern, dass der andere gewinnt. Die regionale Teilung macht alles zerbrechlich. Aber sie zwingt uns, ständig zu verhandeln, Kompromisse zu suchen." Das entspricht der Tradition der Ureinwohner: Sie diskutieren seit jeher und noch immer so lange, bis Einmütigkeit erreicht ist – damit es keine Verlierer gibt.

Ende September dieses Jahres ließ Rafael Correa, wie viele Präsidenten vor ihm, eine verfassunggebende Versammlung einberufen – um die 21. Konstitution seit 1830 auszuarbeiten. Entschiedener als seine Vorgänger jedoch versucht er, mit diesem Grundgesetz die Rechte der alten Eliten zu beschneiden und dem Kongress die Macht zu nehmen, Präsidenten nach Lust und Laune zu entlassen. Die Opposition sah in Correa sogleich einen linken Caudillo, auch in Europa stellten ihn Kommentatoren eilig als Schüler von Venezuelas Hugo Chávez hin.

Dabei könnten die Bildungswege des linken Wirtschaftsprofessors und des Ex-Obristen kaum unterschiedlicher sein: Correa brachte die Begabtenförderung aus ärmlichen Verhältnissen an katholische Schulen und Universitäten, die seine streng religiösen und sozialen Ideale prägten. Er arbeitete freiwillig in einer Indiogemeinschaft, schloss in Belgien sein Studium ab, promovierte an der Universität Illinois. Wer den polyglotten Populisten dozieren hört, erkennt schnell, dass er den proklamierten „Sozialismus des 21. Jahrhunderts" weit weniger ernst nimmt als den amerikanischen Nobelpreisträger Joseph Stiglitz, einen der schärfsten Kritiker internationaler Finanzinstitutionen. Wie dessen Warnungen vor einer unkontrollierten Wirtschaft auf den Alltag Ecuadors anzuwenden sind, das treibt Correa um.

Seit der Amtsübernahme Ende 2006 hat der Präsident mehrfach betont, dass sein Land eigene Wege gehen und die Politik Venezuelas nicht kopieren wird. „Sozialismus", sagt Correa, „ist ein Prinzip und kein Regime." Auch im Umgang mit den USA ist der Taktiker in Quito dem radikaleren Chávez nicht gefolgt. Er vermied Pauschalangriffe auf Washington, attackierte nur einzelne Institutionen wie Weltbank und IWF und unterhielt freundliche Kontakte zur US-Botschaft. Damit trägt er den Realitäten Rechnung: Ecuador ist wirtschaftlich abhängig von den USA. Deren Märkte nehmen dem verarmten Land 54 Prozent aller Exporte ab.

Correas Vorgänger waren auch deshalb gescheitert, weil sie sich nach populistischer Tradition als Erlöser der Heimat verstanden, die vom Präsidentenstuhl nicht mehr auf ihre Wahlkampfversprechen zurückblickten. Der neue Präsident dagegen hat seine Versprechen gehalten, die Sozialausgaben sofort um 15 Prozent erhöht und die Unterstützung für die bedürftigsten Schichten verdoppelt.

Keine Regierung hat es je geschafft, die SUBVERSIVE ENERGIE der Reichen zu brechen

Dieses Sozialprogramm wird Correa fürs Erste vor dem Volkszorn, die neue Verfassung vor seinem Sturz durch Parlament und Parteien bewahren. Eine bessere Zukunft ist damit noch nicht gesichert. Die Ausgaben der neuen Regierung nämlich wuchsen sofort schneller als die Einnahmen. Die staatliche Ölförderung kann den Haushalt nicht lange ausgleichen, sie sinkt durch Missmanagement und versäumte Investitionen. Und wie sehr der Präsident die Verfassung auch auf seine Person zuschneidern lässt, Korruption als Basis der oligarchischen Macht wird er nicht ausrotten können. Was also hat sich verändert? Zum ersten Mal seit Langem sind es nicht die Armen, sondern die Armee und die reichen Eliten der Pazifikküste, die den Präsidenten am liebsten verjagen würden. Wenn es Correa gelänge, ihnen die Stirn zu bieten, wäre er der erste Präsident, der Ecuador politische Stabilität verschaffte. □

Christian Schmidt-Häuer, *Jahrgang 1938, preisgekrönter „Zeit"-Autor, beobachtet Ecuador seit vielen Jahren.*

Wahlkampf im Poncho: Der populistische Präsident Correa wirbt bei den Quechua um Stimmen

Quito

Dem Himmel so nah

Auf 2800 Metern über dem Meer liegt Quito, die besterhaltene Kolonialstadt Südamerikas mit 40 verschwenderisch verzierten Kirchen und 16 Klöstern. In den engen Gassen der Altstadt geht es sehr viel nüchterner zu: geschäftig, laut und bunt.

Text: Roland Schulz
Fotos: Miquel Gonzalez

Wie Blüten aus einem Beet roter Ziegel ragen die mosaikverzierten Kuppeln und Türme der Kirchen – hier die der „Compañia de Jesús“ – über die Dächer der Stadt

Die Bänke auf der Plaza de la Independencia sind eine Oase der Ruhe im turbulenten Herzen der Altstadt. Das Hotel „Plaza Grande" im Hintergrund ist frisch renoviert – luxuriöser als in den Suiten mit Plaza-Blick kann man in Quito nicht wohnen

1

quirlig

auf allen Plätzen und Straßen

1 Sammeltaxi: So wie diese Quechua-Frauen lassen sich viele Quiteños auf der Ladefläche eines Pickups mitnehmen 2 Wachwechsel: Soldaten der Präsidentengarde in historischen Uniformen aus den Befreiungskämpfen des 19. Jahrhunderts

2

162 Jahre dauert es, bis „La Compañia de Jesús" fertig gebaut war. Wände und Decken sind mit Holzschnitzereien im maurischen Mudéjar-Stil verkleidet und mit sieben Tonnen Blattgold verziert. Ein Glanz, der blendet, obwohl das Tageslicht nur durch die Kuppel und kleine Seitenfenster in die Kirche fällt und kaum zusätzliche Lampen brennen

Foto: Marc-Oliver Schulz

würdig
in allen alten Tempeln Gottes

San Francisco ist die größte und älteste Kirche Quitos, erbaut aus dem Schutt des Inka-Palastes von Atahualpa. In ihrem Inneren thront, auf einem bombastisch-barocken Goldaltar, die Geflügelte Jungfrau von Quito, die einzige Marienfigur mit Flügeln der Welt. Die Deckenmalereien über ihr zeigen Inti – den Sonnengott der Inka

1 Tourismuspolizei: María Novillo (rechts) und ihre Kollegin Jessica Briones (links) 2 Aluminium-Marie: Auf dem Monte Panecillo wacht eine riesige Kopie der Geflügelten Jungfrau von Quito über die Stadt 3 Prachtstraße: Die Calle Benalcázar ist eine der schönsten Straßen der Altstadt

sonnig

zu jeder Jahreszeit

Sie sagen, es sei die Sonne. Weil sie hier, so nahe am Äquator, so hoch in den Anden, ein Licht wirft, das durch die dünne Luft sticht wie ein Stilett, schmerzhaft scharf, und alle Farben verändert: Der Himmel über Quito ist nicht sanft wie andere Himmel, er brennt in einem Graublau, das die Menschen ihre Augen mit Händen beschirmen lässt, wenn sie nach oben blicken. Das Braun der Erde ist nicht satt wie anderswo, es ist ein stumpfes Braun, dem Sonne die Kraft ausgetrieben hat, das Grün der Bäume ist nicht saftig, und das Weiß – das Weiß von Quito ist wie von einer anderen Welt.

Wer auf Quito herabblickt, vom Vulkan Pichincha aus, der sieht einen 50 Kilometer langen, vier Kilometer breiten Moloch. Die Stadt zeigt ihre Schönheit nicht aus dieser Entfernung, sie trägt den Smog, der sich auf 2800 Metern über dem Meer nur selten auflöst, wie einen grauen Schleier. Man muss sich der Stadt nähern, um das Geheimnis ihres Lichtes zu lüften.

Wer direkt über der Altstadt steht, zu Füßen der Geflügelten Jungfrau auf dem Monte Panecillo, der sieht, was die Einheimischen meinen, wenn sie sagen, dass die Sonne dieser Stadt ihr Gesicht gibt: Die Häuserzeilen des historischen Zentrums liegen so waschmittelpropagandaweiß da, als wollten sie die Existenz übriger Farben widerlegen. Nur wer sich konzentriert, nimmt das Granitgrau des Straßenpflasters wahr und das Rotbraun der Ziegeldächer, auf dem, wie Blüten auf einem Beet, mosaikverzierte Kuppeln und Glockentürme sitzen.

Unten, in den Straßen und Gassen, dröhnen die Autobusse, sie ziehen schwarze Abgasfahnen hinter sich her, dazwischen Taxis, Motorräder und die mit klingender Glocke durch die Gassen fahrenden Kastenwagen, von denen herab Gaskartuschen verkauft werden. Auf den Bürgersteigen eilen die Menschen dahin, Schüler in strengen Uniformen, Indio-Frauen in bunten Röcken und mit runden, schwarzen Hüten auf den Köpfen und Männer mit krawattenstarren Hälsen. Vor den billigen Restaurants rufen Kellner ihre Gerichte aus, vor den teuren tun es in den Weg gerückte Werbeständer, aus den Eingängen dringt der Geruch von Gebratenem und in Fett gebackenen Kringeln. Dazwischen schieben Händler ihre Handkarren, der eine verkauft Tischtücher, der andere Tassen und Teller dazu, in allen Läden Produkte im Sonderangebot oder Schlussverkauf, auf allen Straßen Lärm und Bewegung.

Diese Straßen sind der Arbeitsplatz von María Novillo, 29 Jahre, Polizistin im Sondereinsatz. Sie steht im Schatten eines Torbogens, eine zierliche Frau mit schwarzem, zum strengen Dutt gekämmten Haar, und blickt ihre Lieblingsgasse, „La Ronda“, hinab: Satte, koloniale Pracht, alles frisch saniert. Von schmalen, gusseisernen Balkonen grüßen Geranienkästen, Fahnen in Gelb, Blau und Rot, den Farben Ecuadors, ragen auf die Straße. Zu Zeiten der Spanier war diese Gasse eine bedeutende Einfallstraße längs der Stadtmauer von Quito. Heute ist sie ein Lieblingsfotomotiv der Touristen. María Novillo deutet auf einen Hauseingang, über dem Türstock prangt ein großes, in Stein gehauenes Kreuz. „So war es früher Tradition“, sagt sie, „so konnte jeder sehen, dass in diesem Haus gute Christenmenschen wohnen.“ Man verbündet sich gern mit dem Himmel in Quito.

Die früheste Erinnerung der jungen Polizistin an die Altstadt ist spezieller Natur: „Ich war sieben, meine Eltern haben mich mitgenommen, um Johannes Paul II. in der Kathedrale beten zu sehen.“ Die kleine María sah Massen von Gläubigen, die sich durch ehrwürdige, scheinbar endlose Straßen schoben. Auf den Schultern ihres Vaters sitzend, sah sie die kunstvoll verzierten Fassaden der Häuser, Girlanden aus Stuck, aus dem Stein gestemmte Engel und Fabelfiguren. Es war eine Offenbarung für das Mädchen, „es war sehr ergreifend, es war magisch“. Vielleicht hat es mit dieser Erfahrung zu tun, dass sie heute in der Altstadt arbeitet. María Novillo ist Mitglied einer einmaligen Sondereinheit der Policía Metropolitana de Quito: 16 Beamtinnen, alle eigens ausgebildet und abgestellt für eine Aufgabe – den Besuchern Quitos die am besten erhaltene koloniale Altstadt Südamerikas zu zeigen. María Novillo ist Fremdenführerin in Uniform.

Die Gründung der Tourismus-Truppe war die Idee eines ehemaligen Polizeidirektors und Teil des Entwicklungsplans für das historische Zentrum, das 1978 ins UNESCO-Welterbe der Kultur aufgenommen wurde. Damals war die Altstadt Verfall und Verbrechen preisgegeben, ein umfangreicher Sanierungsplan wurde erstellt, der inzwischen zum Großteil abgearbeitet worden ist. Aber es ging auch darum, zu beweisen, dass Touristen in Quito sicher sind – und so schickte man sie in Begleitung uniformierter Polizisten auf Stadtrundgang. Der aus der Not geborene Plan erwies sich als so charmant, dass bis heute an der Tourismuspolizei festgehalten wird, obwohl Quitos Altstadt längst wieder einer der sichersten Orte Südamerikas ist.

Einer der frömmsten ist er seit der Conquista: Auf 320 Hektar Altstadt finden sich 40 Kirchen und 16 Klöster; prunkvolle, verschwenderische Gottespaläste, voller Gold und Zierrat, in einer einzigartigen Mischung aus einheimischen und europäischen Einflüssen. Denn die Mönche und Missionare, die mit den Spaniern kamen, vermittelten den Eingeborenen nicht nur die Grundzüge des christlichen Glaubens, sondern sie brachten den Nachfahren der Inka in der so genannten „Schule von Quito“ auch die religiöse Kunstfertigkeit bei.

Ein ganzes Heer indianischer Steinmetze, Maler und Schmiede bildeten sie aus, ließen Kirche um Kirche bauen und die Handwerker vermischten den neuen Glauben mit ihren alten Göttern, die biblischen Gleichnisse der Padres mit indianischen Legenden: Die kunstvoll verzierten Kuppeln, Kolonnaden und Kanzeln der Kirchen und Klöster zeigen pausbäckige Engel und

Kaffeepause: Der Patio des Erzbischöflichen Palastes lockt mit hübschen Cafés und kleinen Galerien

mandeläugige Madonnen mit hohen Wangen, sie erzählen in inbrünstiger Pracht von Höllenfeuer und Paradies, und immer wiederkehrendes Symbol ist die Sonne, Gott der Inka, die Sonne, die der Stadt Quito ihr Gesicht gibt.

Wie wichtig die Quiteños ihre Kirchen auch in der Moderne nehmen, sieht man am besten in der Calle García Moreno, deren alter, wahrer Name „Calle de las Siete Cruces" lautet. Sieben Kreuze stehen längs des Weges, vor jeder der Kirchen eines, jedes eine Schau, jedes ein Scheidepunkt: Nur wenige Menschen passieren sie achtlos, die meisten bekreuzigen sich, schnell und flüchtig die Jungen, sorgsam und bedächtig die Alten. Die Calle de las Siete Cruces war und ist die Ader des gläubigen Quito. Hier bauten die Jesuiten ihre Kirche, „La Compañia de Jesús". Wuchtig erhebt sich die in 162 Jahren aus Vulkanstein geschaffene Kirche in die Höhe, verziert mit unzähligen, fein gewirkten Ornamenten. Im Inneren ist sie über und über mit Blattgold bedeckt, sieben Tonnen sollen es sein. Altäre, Säulen, Gewölbe, alles glänzt, und Fegefeuer und Paradies sehen sich Auge in Auge: Zu den Seiten des Hauptportals zeigen zwei wandfüllende Gemälde das Jüngste Gericht sowie die Hölle, in die die Maler jede Art von Sünder gesetzt haben, vom Trunkenbold, der nur mehr flüssige Lava zu trinken bekommt, bis zum Geschwätzigen, dem Teufel die Zunge ausreißen.

Doch übergroß kann die Angst der Künstler vor dem göttlichen Zorn nicht gewesen sein. Sonst hätten sie nicht auf der gegenüberliegenden Straßenseite „el niño malcriado" geschaffen, den verzogenen Jungen. Er sitzt über einem Fenster im 1. Stock, der nackte Stuckknabe, und scheint gegen das Hauptportal der Kirche zu pinkeln. Die Mini-Revolte eines unbekannten Stuckateurs gegen die übergroße Pracht der Kirche.

Denn so gläubig sie sind, die Quiteños, so aufsässig sind sie auch. Sechs Präsidenten haben sie in den vergangenen zehn Jahren aus dem Amt gejagt, zuletzt 2005, nur ein Stückchen weiter, auf der Plaza de la Independencia, dem Unabhängigkeitsplatz. Tausende standen hier, schlugen mit Kochlöffeln auf Blechtöpfe und trommelten Lúcio Gutierrez aus dem Regierungspalast.

Prächtig liegt die weite Plaza in der sengenden Sonne, weiße Mauern, die zu leuchten scheinen, der Erzbischöfliche Palast, der Regierungspalast, die Kathedrale, Arkaden, Säulen, Balkone. Es ist Mittag, der Platz ist voller Menschen, alle, alle sind sie da: Um die Brunnen streifen Schuhputzerjungen, stets bereit, einem Kunden das kleine Holzkästchen unter die Füße zu schieben. Zeitungsverkäufer rufen die Schlagzeilen aus, Straßenhändler bieten Kaugummis, Bonbons oder Zigaretten einzeln an, Eisverkäufer preisen ihre Ware, die sie, bereits in der Waffel, auf unheilvoll dampfendes Trockeneis geworfen haben. Geschäftige Passanten gehen ihres Weges, vor dem Regierungspalast stehen Soldaten der Präsidentengarde in bunten, historischen Uniformen, bestaunt von Touristen in tarnfarbener Trekking-Kluft, daneben blinde Losverkäufer, die die horrende Summe aussingen, die es heute zu gewinnen gibt.

Die Plaza ist die Welt von Jorge Ruiz. In einem verschossenen Anzug sitzt er auf einer der steinernen Bänke, wie jeden Mittag, ein alter Mann mit grauem Haar, und streckt sein Bein in die Sonne. Bei einem Unfall wurde es zerschlagen, vor Jahren schon, und seit ein Arzt ihm empfahl, zur Besserung die Sonne zu suchen, kommt der 66-Jährige zur Plaza de la Independencia. „Die Wärme der Strahlen hier vertreibt den Schmerz besonders gut", sagt Jorge Ruiz. Er ist nicht der einzige, der an die Heilkraft der Sonne glaubt, die hier am Äquator rund ums Jahr scheint, viele Patienten der nahen Hospitäler kommen täglich auf ihren Krücken, sie treffen sich, ohne Eile, sprechen über die Welt und manchmal sogar Gott. Jorge Ruiz mag diese Ruhe auf der Plaza, inmitten der geschäftigen Betriebsamkeit. Er sitzt manchmal bis zum Abend hier, im wärmenden Licht der Sonne von Quito. „Was", sagt er, „wäre die Stadt ohne sie?" □

Roland Schulz, *Autor aus München, hat an Quito nur gute Erinnerungen: Er hat dort Spanisch gelernt.*
Miquel Gonzalez, *Fotograf, gefiel die Dynamik, mit der junge Leute das Geschick der Stadt bestimmen.*

MERIAN | TIPP Rundgang

Die Stadtrundgänge der Tourismuspolizei finden täglich außer Montag statt. Je nach Nachfrage gibt es bis zu drei Touren, gewöhnlich beginnt die erste um 10 Uhr. Eine Tour kostet sieben Euro. Anmeldung im Tourismuscenter an der Plaza de la Independencia. Tel. (02) 319 11 76

» SKIFAHREN IN DER WÜSTE?
Folgen Sie den besten Autoren mit der neuen MERIAN Reiseführer Reihe zu exklusiven Reiseerlebnissen – zum Beispiel zu einer Wintersporthalle mit riesigen Ausmaßen in Dubai. Mehr Informationen überall, wo es Bücher gibt und unter WWW.MERIAN.DE
Es gibt wieder etwas zu entdecken »
Wien
Südtirol
Südafrika
Rom
New York
Mallorca
London
Dresden
Cornwall
Berlin
Barcelona
Ägypten
Dubai
MERIAN
Reiseführer
Dubai
V.A. Emirate und Oman
32 Seiten: Der gute Tipp von MERIAN
MERIAN
Reiseführer
Die Lust am Reisen

„Wer wird nicht einen Stein vom Chimborazo wollen?"

Charles Darwin entwickelt nach einem Galapagos-Besuch die Evolutionstheorie, und Alexander von Humboldt besteigt den Chimborazo – zwei Europäer schreiben im 19. Jahrhundert in Ecuador Forschungsgeschichte

Text: Kathrin Sander

„Humboldt und Bonpland am Fuß des Chimborazo" (rechts, von 1806) ist das bekannteste Werk des Malers Friedrich Georg Weitsch. 1859 ließ sich Humboldt in Berlin als alter Mann noch einmal porträtieren (links). Er bestand darauf, dass Julius Schrader den schneebedeckten Vulkan in den Hintergrund male

Der Tag, an dem er sich aufmacht, den imposanten Berg zu besteigen, ist dunkel und neblig. Dichte Wolken hängen über dem Chimborazo, in der Nacht zuvor ist Schnee gefallen. Es ist der 23. Juni 1802. Ohne Handschuhe, in dünner Kleidung beginnt Alexander von Humboldt seine Expedition, er trägt einfache Stiefel, in denen Eiswasser die Füße taub werden lässt. Mit seinen Reisegefährten Aimé Bonpland und Carlos Montúfar und ein paar indianischen Begleitern ist er im Morgengrauen gestartet, ohne Karte, ohne Führer, einem felsigen Grat folgend, den er am Tag zuvor von Calpi aus mit dem Fernglas erspäht hatte. Die Indianer reiten auf ihren Maultieren, Humboldt, 32 Jahre alt, läuft zu Fuß nebenher, untersucht Moos, Flechten und Mineralien, sammelt Steine, schleppt sie Richtung Gipfel. Denn, so schreibt er: „Wer in Europa wird nicht einen Stein vom Chimborazo haben wollen?"

Geradezu mystische Bedeutung hat der höchste Gipfel Ecuadors für europäische Bildungsbürger. Kein bekannter Berg auf der Erde ist höher, der Himalaya noch nicht erforscht. Die Nevados, die verschneiten Riesen der Anden, symbolisieren das Erhabenste der Neuen Welt, und Alexander von Humboldt, den man später den zweiten Entdecker Amerikas nennen wird, stürmt Richtung Gipfel.

Humboldt ist einer von zwei großen Naturwissenschaftlern, deren Namen mit Ecuador verbunden sind. Beide waren auf ihre Weise revolutionär: Humboldt, der voller Neugier, ungestüm und furchtlos den Chimborazo bezwingen will und dabei höher aufsteigt als je ein Mensch zuvor; und Charles Darwin, der gut 30 Jahre später auf den Galapagos-Inseln die Schnabellänge von Vögeln misst und daraus eine Theorie entwickelt, die das christliche Weltbild ins Wanken bringt wie zuvor nur die Entdeckungen Kopernikus'.

Darwin sammelt Pflanzen und jagt Vögel, Humboldt lotet die Grenzen des menschlich Machbaren aus. Auf gut 5000 Meter Höhe, dort wo der ewige Schnee beginnt, weigern sich die Indianer, weiter bergauf zu gehen. Sie fürchten, in

der Höhenluft zu ersticken. Humboldt, glauben sie, hat den Verstand verloren. Sie versprechen zu warten, sind aber gewiss, den Deutschen und seine Begleiter nie wiederzusehen. Ein einziger der Eingeborenen geht weiter mit, schleppt Barometer und Messinstrumente, die wegen des schlechten Wetters gar nicht zu gebrauchen sind.

Die Expeditionsteilnehmer machen ihre eigenen Körper zum Forschungsgerät: Zahnfleischbluten, Schwindel, blutunterlaufene Augen, Atemnot und Übelkeit werden unter Humboldts Führung nicht beklagt, sondern nur diagnostiziert. Eine „wenig vergnügliche Lage" schreibt Humboldt, doch das schreckt ihn nicht, denn „ist man an Strapazen gewöhnt, so tröstet man sich leicht über physische Schmerzen hinweg". Je höher die vier steigen, desto gefährlicher wird das Gelände. Mit Händen und Füßen klammern sich die Männer an das bröckelnde Gestein. Links von ihnen fällt ein schneebedeckter Abhang extrem steil in die Tiefe, rechts ist der Hang mit großen Felsbrocken übersät: „Man hatte die Wahl, ob man sich lieber die Knochen brechen wollte, wenn man gegen diese Felsen schlug (...), oder ob man zur Linken über den Schnee in einen noch viel tieferen Abgrund rollen wollte. Der letztere Sturz schien uns der grauenvollere zu sein."

Als eine Felsspalte ihnen den Weg versperrt, trennen sie noch knapp 400 Meter vom Gipfel. Ein 130 Meter tiefer, unüberwindbarer Abgrund tut sich vor ihnen auf. Füße und Hände bluten, alle spüren den Drang, sich zu erbrechen. „Wir fühlten uns (...) sehr schlecht, aber uns allen schien, dass dieses Übelsein noch weiter hätte zunehmen können, ohne dass es uns bewegungsunfähig gemacht hätte". Doch der Abstieg ist unausweichlich. Der Forscher ist enttäuscht, nicht von seiner Leistung, sondern vom Chimborazo selbst und dessen „kraftloser Vegetation, die der Schönheit des Kolosses nicht angemessen ist". Er ist viel zu sehr Wissenschaftler, zu wenig Eroberer, um dem unerreichten Gipfel nachzutrauern.

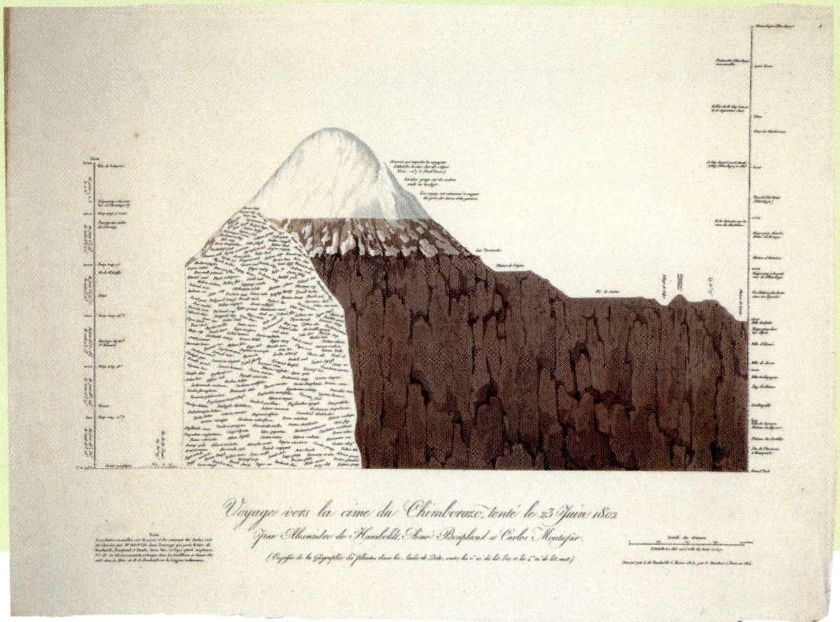

Geologische Darstellung des Chimborazo (links) nach einer Vorlage Humboldts. Kakaofrucht, Löwenaffe und Kondor, Lithographie von Alexander von Humboldt

Auf dem Weg zurück fällt Hagel, Humboldt nimmt sich die Zeit, ihn zu analysieren – „undurchsichtige, milchweiße Hagelkörner mit concentrischen Lagen, einige durch Rotation abgeplattet". Unterhalb der Schneegrenze warten die Indianer. Sie hatten sich, so Humboldt, „mehr als nötig um uns besorgt". Es ist kurz nach zwei Uhr am Nachmittag, noch vor Sonnenuntergang ist man wieder in Calpi. Zwei Tage darauf strahlt die Sonne vom Himmel, ein „Missgeschick", schreibt Humboldt, „dass wir nicht an jenem Tage aufgestiegen sind". Aber da vermisst er bereits den Vulkan Tungurahua, 40 Kilometer östlich.

Obwohl der Chimborazo unbezwungen bleibt, ist kein Mensch je zuvor in größere Höhe aufgestiegen. 5600 Meter. Eine Spitzenleistung, die der Forscher jahrzehntelang herunterspielt. Die Geschichte der Ersteigung biete „wenig dramatisches Interesse", schreibt er, aber so sei es nun einmal: Unerreichte Dinge zögen die Menge immer in ihren Bann. Der Chimborazo sei seit seiner Rückkehr nach Europa der „ermüdende Gegenstand aller Fragen" gewesen. Dies Understatement macht ihn für seine Bewunderer nur zu einem noch größeren Helden.

In Cambridge sitzt 1831 ein 22-jähriger Engländer und verschlingt Humboldts Reiseberichte mit Leidenschaft. Mit Ach und Krach hat er das Studium der Theologie absolviert, das zuvor begonnene Medizinstudium brach er ab, weil er es „unerträglich langweilig" fand. Als Pfarrer auf dem Land, so hofft Charles Darwin, wird er seine Passion, das Sammeln von Insekten und Pflanzen, problemlos mit ein paar Sonntagspredigten vereinbaren können. Besonderer Ehrgeiz lässt sich ihm nicht nachsagen, zum Vergnügen hört er Vorlesungen in Zoologie und Botanik.

Schon als Kind gilt er als Träumer, hat keinerlei Talent für Sprachen oder Mathematik, hangelt sich mit Nachhilfelehrern durchs Studium und wiegt sich in der beruhigenden Gewissheit – dem vermögenden Vater sei Dank – niemals finanzielle Not leiden zu müssen.

Hatte Humboldt seine Amerikareise aus eigenem Antrieb und auf eigene Kosten organisiert, in der Überzeugung, ein Mann müsse in seinem Leben „den Platz suchen, von dem aus er seiner Generation am besten dienen kann", so fällt Darwin der Platz auf dem Schiff HMS „Beagle" geradezu in den Schoß: John Stevens Henslow, Dozent in Cambridge und Universalgelehrter der Theologie, Zoologie, Botanik und Geologie kommt zu Ohren, dass für die Passage des Segelschiffs nach Feuerland ein junger Naturforscher gesucht wird, und er empfiehlt seinen Studenten Charles. Die Bedingungen: keine Kosten, keine Bezahlung, Logis in der Kapitänskajüte bei Kapitän Robert FitzRoy.

„Die Reise mit der ‚Beagle' ist bei weitem das wichtigste Erlebnis in meinem Leben", schreibt Darwin später. Von Dezember 1831 bis Oktober 1836 segelt er von England über Brasilien bis Feuerland und von dort über Tahiti zurück in die Heimat. „Fliegenfänger" nennt ihn die Besatzung, weil er von jedem Landgang Insekten, Pflanzen und Tiere mit an Bord schleppt. Darwin gilt als Frohnatur, während der fünfjährigen Reise sieht ihn keiner je schlechter Laune, obwohl Charles dafür durchaus Grund gehabt hätte. Denn die Seekrankheit zwingt ihn regelmäßig in die Knie. „Lieber Freund, ich muss ihr horizontal ausweichen", hört man Darwin in der Offiziersmesse oft sagen, bevor er sich der Länge nach auf den Kartentisch legt. Die Enge an Bord findet er „eigentümlich behaglich für alle Arten von Arbeit. Alles ist so dicht bei der Hand".

Seine Sammellust kommt Darwin auf See zugute. Hätte er die Evolutionstheorie nicht begründet, so hätte ihm allein die riesige Sammlung, die er mit nach England bringt, einiges Renommee als Forscher verschafft. Immer wieder nimmt er sich die Arbeit Humboldts zum Vorbild. „Früher

Charles Darwin (links) auf einer Aufnahme aus dem Jahr 1854, fünf Jahre vor dem Erscheinen seiner Evolutionstheorie. Den Leguan (oben) zeichnete er während seiner Reise auf der „Beagle". Die Orchidee *Anguloa superba* wurde nach Notizen von Humboldt gezeichnet

bewunderte ich ihn" schreibt Darwin an seinen Freund und Lehrer Henslow, „jetzt bete ich ihn beinahe an".

Die Galapagosinseln erreicht die „Beagle" am 15. September 1835, jenen Archipel von dem Darwin sich mehr verspricht, als von allen anderen Stationen der Reise. Der erste Eindruck ist enttäuschend: „Nichts könnte weniger einladend sein. (...) Ein zerklüftetes Feld schwarzer Basaltlava, in stark gezackten Wellen hingeworfen und von tiefen Rissen durchzogen, ist überall von verkümmertem, sonnenverbranntem Buschwerk bewachsen, das kaum Zeichen von Leben aufweist. (...) Wir meinten, selbst die Büsche röchen unangenehm." Auf fünf der zehn Hauptinseln fängt, sammelt und untersucht er, was er kann. Allein 193 verschiedene Pflanzen trägt er an Bord, dazu Schildkröten, Echsen, Vögel, Fische, Insekten. Er trinkt den Blaseninhalt von Schildkröten – „ein wenig bitter" – reitet auf ihren Panzern, misst ihre Geschwindigkeit und seziert ihre Mägen. Er studiert die Eigenarten der Vögel, die so zahm sind, dass er sie mit dem Lauf des Gewehres vom Ast stoßen kann. Die „hässlich wirkende" Meerechse vergleicht er mit deren Artgenossen an Land, die auf ihn einen „ungeheuer dummen Eindruck" machen. Eine zieht er am Schwanz, während sie sich einen Bau gräbt und notiert danach: „Sie starrte mir ins Gesicht, so als wollte sie mich fragen: Wie kommst du dazu, mich am Schwanz zu ziehen?"

Darwin sammelt und reportiert, bisweilen unkontrolliert und auf schiere Masse bedacht, erst gegen Ende seines Aufenthalts fällt sein Blick auf das, worauf später die Evolutionstheorie fußen wird: Er beobachtet, dass sich die Finken auf den Inseln anhand der Größe ihrer Schnäbel in 13 Arten unterscheiden lassen. Der isolierte Archipel, „eine kleine Welt für sich", wie Darwin ihn nennt, bietet ihm ein ideales Beobachtungsfeld dafür, wie sich eine Spezies auffächert. Die Urfinken, so seine Erklärung, kamen vom Festland auf die Galapagos-Inseln, fanden dort keine Konkurrenten und konnten sich ihrem neuen Umfeld optimal anpassen: Ihre Schnäbel nahmen jeweils die Form an, mit der sich die vorhandenen Nahrungsressourcen ideal jagen lassen. Der Grundstein für Darwins Idee der natürlichen Auslese ist gelegt: Es existiert ein Kampf ums Dasein, und diesen überlebt diejenige Art, die ihrem Lebensraum am besten angepasst ist und deshalb die meisten Nachkommen zeugt.

Über 20 Jahre arbeitet Darwin an seiner Theorie, erst 1859 veröffentlicht er sein Traktat „Über die Entstehung der Arten". Anders als Humboldt, der darauf brennt, seine Erkenntnisse – je spektakulärer, desto besser – publik zu machen, ist Darwin ein Zauderer – und außerdem klug genug zu ahnen, welchen Tumult seine Theorie auslösen wird. Mit 32 Jahren, im gleichen Alter, in dem Humboldt die Anden erforscht hat, zieht sich Darwin aufs Land zurück. Er wird Vater von zehn Kindern, veröffentlicht Bücher und hält sich an einen strikten Tagesplan, der das Brettspiel mit seiner Frau Emma genauso terminiert wie die drei täglichen Arbeitseinheiten von maximal 90 Minuten.

1837, Darwin macht gerade erste Notizen für „Über die Entstehung der Arten", trifft er bei einer Veranstaltung in London auf Humboldt. Der brillante Rhetoriker, mittlerweile 68 Jahre alt, unterhält die gesamte Gesellschaft. Charles Darwin findet ihn „gemütlich" und ein wenig redselig. In sein Tagebuch schreibt er später: „Ich war in Bezug auf diesen großen Mann etwas enttäuscht." □

Kathrin Sander, MERIAN-*Redakteurin, war beeindruckt vor der Akribie, mit der Alexander von Humbolt und Charls Darwin die Welt erkundeten.*

SCHAURIG SCHÖNE

Ecuador ist das Land der Vulkane. 17 von 73 sind aktiv, mehr als die Hälfte der Bevölkerung lebt in ständiger Angst vor einem Ausbruch

Text: Jutta von Campenhausen

Der Tungurahua bei einem vergleichsweise harmlosen Ausbruch am frühen Morgen des 14. Juli 2006

FEUERBERGE

Foto: Theo Toulkeridis

Rauch aus dem Krater des Vulkans Guagua Pichincha kündigt am 1. Oktober 1999 die nahende Eruption an

BRENNENDE WOLKEN AM HIMMEL

Giftige Asche verdunkelt am Nachmittag des 5. Oktober 1999 den Himmel und legt das öffentliche Leben und den Flughafen in Quito lahm

Wie ein Atompilz steht die zweite Aschewolke am 7. Oktober 1999 über dem Pichincha, nur elf Kilometer von der Hauptstadt entfernt

Foto: Guillermo Granja

Nach dem Ausbruch vom 17. August 2006: Ein junger Mann in Baños kehrt die Asche des Tungurahua vom Dach seines Hauses

Seit dem Jahr 1999 raucht der Tungurahua schon in „Alarmstufe Orange“, jede Nacht zittern in Baños die Fenster der Häuser

SCHLAMMLAWINEN RASEN INS TAL

Die Bäume stecken schwarz verkohlt im Geröll. Auf Kniehöhe ragt ein vom schwefelsauren Regen zerfressenes Wellblechdach hervor. Den Hang hinunter ins zerklüftete, üppig grüne Tal zieht sich ein mehrere hundert Meter breiter Streifen aus Asche, Staub und Steinen. Ein dumpfes Grollen kommt aus dem Inneren des Berges, sonor und unheimlich. Doch aus dem Krater zischt nur eine freundliche, schneeweiße Dampfwolke in den blauen Nachmittagshimmel. „Ungewöhnlich ruhig", findet Patricio Ramón den Vulkan Tungurahua nahe der Stadt Baños heute. „Das ist kein gutes Zeichen", sagt er, „gerade vor größeren Ereignissen ist der Berg besonders still." Der Vulkanologe vom Geophysikalischen Institut der Polytechnischen Hochschule in Quito (IGEPN) stapft durch die braune Mondlandschaft, es sind Ablagerungen eines pyroklastischen Stroms, der im August 2006 mit 150 Stundenkilometern aus dem Krater des gut 5000 Meter hohen Tungurahua zu Tal raste. „Nubes ardientes", brennende Wolken, nennen die Einheimischen die glühende Mischung aus Asche, Gas und Gestein, die alles zerstört, was sie berührt.

Keine Frage: Dieser Berg lebt.

Die Flanken des Vulkans sind von Blumenrabatten, Gemüsefeldern und Obstplantagen bedeckt. Auf den steil aufragenden Höhenrücken balancieren unverputzte Steinhäuschen, die sich mal um einen betonierten Sportplatz, mal um eine kleine Kirche drängen. Viele Dächer sind neu. Ihre Vorgänger sind unter der Last der Asche eingebrochen oder wurden vom Schwefelregen zerfressen.

Es ist die sagenhafte Fruchtbarkeit der Vulkanasche, die den Boden an den steilen Hängen des gigantischen Tungurahua so attraktiv macht, dass die Menschen nicht aus der Gefahrenzone weichen wollen. Schon zwei Wochen nach einem Ascheregen grünt es wieder. Die Ablagerung des pyroklastischen Stroms ist jedoch in zwei Meter Tiefe noch eineinhalb Jahre nach dem Ausbruch heiß. Es dauert lange, bis hier wieder etwas wächst.

Mehr als die Hälfte der 13 Millionen Ecuadorianer lebt in ständiger Bedrohung durch einen Vulkan. 73 Feuerberge drängen sich in dem kleinen Land – das ist die höchste Vulkandichte weltweit. Siebzehn davon gelten als aktiv. Die meisten, ebenmäßige Kegel, reihen sich in den Anden aneinander, sie umschließen eine fruchtbare Hochebene, für die Alexander von Humboldt den Namen „Straße der Vulkane" erfand.

Ein solches „Kettengebirge" ist typisch für Gebiete, in denen sich Platten der Erdkruste zusammenschieben: An der Westküste Südamerikas quetscht sich die ozeanische Nazca-Platte unter die leichtere Südamerikanische Kontinentalplatte. Mit ungeheurer Kraft heben sich Gesteinspakete heraus, faltet sich die Erde auf. Im Graben zwischen den Erdkrustenstücken ist der Druck so gigantisch, dass die Temperatur immer weiter steigt und das Gestein schmilzt. Es entsteht zähflüssige Magma, die sich im so genannten „pazifischen Feuerring" sammelt und immer wieder in Vulkanschloten nach oben steigt.

Mit nur 700 bis 900 Grad Celsius ist diese Lava relativ kalt. Gleichzeitig enthält sie viele Gase. Die typischen Vulkanausbrüche der Anden sind deshalb explosiv, Fachleute nennen das strombolianisch, nach den typischen Ausbrüchen auf der italienischen Vulkaninsel Stromboli. Meist schleudern solche „Schichtvulkane" abwechselnd lockeres Material wie Bimsstein und Asche in die Luft und ergießen anschließend zähe Lava darüber. Wenn diese Ablagerungen erkalten, entstehen die charakteristischen, namensgebenden Schichten.

In Ecuador prägen wunderbar ebenmäßige Kegel der Schichtvulkane die Silhouette des Landes: Der Chimborazo, der höchste frei stehende Vulkan der Erde, ist eine erhabene Erscheinung. Wer am Krater des seit Millionen Jahren unter Eis schlafenden, 6310 Meter hohen Riesen steht, ist weiter vom Erdmittelpunkt entfernt als ein Bergsteiger auf dem Mount Everest – die am Äquator bauchige Erdform macht's möglich.

An klaren Tagen strahlt die Gletscherkappe des Chimborazo kilometerweit. Sie schmilzt von oben her, weil sich der Krater erwärmt. „An der Westflanke kommt man seit dem Frühjahr 2007 eisfrei zum Gipfel, das ist neu", berichtet Patricio Ramón, der allmonatlich über den Vulkan fliegt und ihn mit der Wärmekamera porträtiert. Sollte bei einem Ausbruch der Kubikkilometer Eis der Gletscherkappe schmelzen, wäre allein der Schlammstrom eine Katastrophe. Die seismische Aktivität des Kolosses nimmt seit dem Jahr 2001 zu, doch noch ruht der Riese im Tiefschlaf. Als gefährlich gelten derzeit die Vulkane Tungurahua, Cotopaxi und Pichincha.

Im Geophysikalischen Institut der Polytechnischen Hochschule in Quito werden diese drei, außerdem der Cayambe und der Reventador kontinuierlich überwacht. Von elf weiteren Vulkanen funken Überwachungsstationen ihre Messdaten.

DIE RIESEN SCHLAFEN UNTER EIS

Im Kontrollraum des Instituts drehen sich mit Dieselruß geschwärzte Walzen urtümlich anmutender Trommelseismographen. Ihre zitternden Nadeln ritzen krakelige Kurven auf das Papier, die für Windböen am Cayambe stehen, für Gaseruptionen am Reventador und den friedlichen Schlummer des Pichincha. Doch längst werden die Messdaten auch elektronisch verarbeitet. Neben den archaischen Seismographen stehen aus Japan und den USA gespendete Computer, über deren Bildschirne bunte Zackenlinien wandern. Noch bevor Erschütterungen messbar werden, deuten andere Anzeichen darauf hin, ob ein Magmakessel sich regt. „Wenn Magma aus der Tiefe aufsteigt, schwillt der Berg an. Das können wir an einer veränderten Neigung seiner Flanken messen", erklärt Patricio Ramón. „Außerdem zeigen Wärmebilder, die wir aus der Luft machen, ob sich der Krater erhitzt, und ein spezielles Spektrometer analysiert, ob sich die Zusammensetzung der Gase verändert." Wenn der Tungurahua im üblichen Halbschlaf dämmert, entweichen ihm 1000 Tonnen Schwefeldioxid am Tag. Bei einem Ausbruch ist es die 30-fache Menge. Zum Vergleich: Die Bundesrepublik Deutschland pustet im Jahr 560000 Tonnen des Atemgiftes in die Atmosphäre.

Die Forschung am Tungurahua ist international organisiert: Eine hawaiianische Universität hat Infraschall-Sensoren installiert. Auch Satellitenbilder und Temperaturfühler geben Auskunft über den Zustand des Bergs. Und trotzdem sorgt der unberechenbare Riese immer wieder für böse Überraschungen: „Im Juli 2006 ging es unheimlich schnell", erinnert sich Patricio Ramón, der damals im Observatorium des Tungurahua Dienst schob. Die Außenstelle des IGEPN liegt zwölf Kilometer vom Gipfel entfernt, mit Blick auf den Vulkan, im Ferienhaus eines reichen Hühnerzüchters im Dorf Guadelupe. Dort arbeiten vier Trommelseismographen auf schlichten Holztischen, daneben stehen Telefon und Funkgerät. „Ich schickte meine Warnung raus, und 40 Minuten später rasten schon die ersten pyroklastischen Ströme die Hänge herunter." Verletzt wurde niemand. Mehr als 20 per Funk benachrichtigte freiwillige Helfer des Zivilschutzes sorgten für Straßensperren und Evakuierungen.

Der harmlose Ausbruch war eine gute Katastrophenübung: Einen Monat später schossen 20 pyroklastische Ströme in die schmalen Täler, löschten fünf Dörfer aus und zerstörten 20000 Hektar Ackerland. „Die Evakuierung der Häuser ging schnell", sagt Patricio Ramón, „und die, die blieben, hatten Glück. Nur sieben Menschen starben."

Am Tungurahua gefährden vor allem Schlammlawinen, so genannte Lahars, die Menschen rund um den Vulkan. Sobald es regnet, verwandelt sich die lockere Masse aus Asche und Staub zu einer rasanten Lawine, die Straßen und Häuser wegreißt, ganze Berghänge fortspült und die Täler mit schnell aushärtendem Vulkanschlamm zubetoniert. 300 Lahars haben Ramón und seine Kollegen seit 1988 registriert. Wenn die darauf eingestellten Seismographen Alarm geben, bleibt eine halbe Stunde, um Straßen sperren und Menschen in Sicherheit bringen zu lassen – genug für die routinierten zivilen Helfer und die Polizei.

Nicht immer klappte die Zusammenarbeit von Vulkanologen und Bevölkerung so gut. Als der Tungurahua 1999 nach über 80 Jahren aus dem Tiefschlaf erwachte, deuteten alle Daten auf einen unmittelbar bevorstehenden Ausbruch hin. Gleichzeitig blies der Guagua Pichincha eine bedrohlich wirkende Rauchwolke über die Hauptstadt Quito, so dass die Regierung beschloss, die Umgebung beider Vulkane zu räumen. Das idyllische Städtchen Baños am Nordhang des erwachenden Giganten Tungurahua wurde komplett geräumt und vom Militär abgeriegelt. Zwei Monate lang blieb die Stadt verwaist – ein Vulkanausbruch hätte kaum verheerender für die örtliche Wirtschaft sein können.

Als sich der Berg wieder beruhigte, versuchten die Bürger mit Gewalt zu ihren Häusern zurückzukehren. Aus den blutigen Zusammenstößen hat man gelernt. Heute weisen Schilder in der ganzen Stadt die nächste Zufluchtszone aus, in die man sich schnell in Sicherheit bringen kann.

Seit acht Jahren grollt der Tungurahua jetzt in Alarmstufe orange: Das heißt: „Eruption jederzeit möglich". Nachts lassen dumpfe Schläge die Fensterscheiben der Häuser in Baños erzittern – dann explodieren die heißen Gase und schleudern glühende Felsbrocken auf den nur noch wenig vergletscherten Kraterrand.

Auch der Cotopaxi gilt zurzeit als gefährlich. Von seinem Krater liefert eine Kamera alle zehn Minuten neue Bilder. Der gewaltige Kegel ist einer der höchsten aktiven Vulkane der Welt und gleichzeitig einer der meistbestiegenen Berge Südamerikas. Gipfelstürmer werden mit einer feinen Schwefelnote belohnt, manchmal bläst ihnen der Berg auch eine Rauchwolke ins Gesicht.

Der Chimborazo, der höchste frei stehende Vulkan der Erde. Seine seismische Aktivität nimmt seit dem Jahr 2001 zu und die Eiskappe schmilzt

Der vergletscherte Krater des Cotopaxi im Sonnenlicht. Hier zu stehen ist der Traum vieler Bergsteiger – den ersten beiden gelang es 1872

MÜHSAMER WEG AUF DEN KRATER

Seit 1738 ist der Cotopaxi mehr als 50 Mal ausgebrochen. Immer wieder schmolzen Eruptionen den Gipfelgletscher, besonders dramatisch 1877: Das Wasser stürzte mit einer Schlammlawine bis an die Küste und zerstörte die Stadt Latacunga komplett. Alexander von Humboldt war fasziniert von dem Verderben bringenden Naturphänomen: „Der Cotopaxi [ist] der gefürchtetste unter allen Vulkanen ... Im Jahr 1738 erhoben sich die Flammen ... 900 Meter über den Rand des Kraters. ... Im Hafen von Guayaquil, 52 Meilen in gerader Linie vom Rande des Kraters, hörten wir Tag und Nacht das Brüllen des Bergs." Heute versuchen die Vulkanologen, aus der Geschichte zu lernen: Der Cotopaxi bricht im Schnitt alle 117 Jahre aus, sagt Patricio Ramón. Zuletzt spuckte er 1877 Feuer. Er ist also „dran."

Dramatischer für Ecuador wäre ein heftiger Ausbruch des Pichincha, der nur elf Kilometer vom Zentrum der Hauptstadt Quito entfernt liegt. Der Pichincha hatte seine große Zeit im 16. Jahrhundert. 1660 ließ er dann noch einmal die Dächer der Stadt unter einer 30 Zentimeter starken Aschedecke einstürzen und schickte pyroklastische Ströme bis weit ins Tal. Heute bedroht vor allem Ascheregen die Anrainer. Als der Vulkan 1999 erwachte, begrub er die Stadt unter einer dicken Ascheschicht. Öffentliches Leben und Flugverkehr waren mehrere Tage lahmgelegt.

Seit 2005 nimmt eine Gondelbahn den Quiteños jedoch jegliche Scheu vor ihrem Hausvulkan. Der *teleférico* schafft Sonntagsausflügler auf eine Höhe von 4000 Metern. Von da fehlen nur noch knapp 600 bis zum Gipfel. Ein weiteres beliebtes Ausflugziel ist Puluahua, der einzige bewohnte Krater der Welt. Der einst wohl 6000 Meter hohe Vulkan 25 Kilometer nördlich von Quito, nahe der Äquatorlinie, wurde von enormen Eruptionen auf gut 3300 Meter gekappt. Heute liegt eine fruchtbare Ebene im acht Kilometer durchmessenden Krater. Neben einigen kleinen Höfen mit Kühen, Schweinen, Mais- und Kartoffelfeldern leben hier 53 endemische Pflanzen- und 21 endemische Tierarten wie der Schwarzbauch-Höschenkolibri in ihrem runden Riesenterrarium mit launischem Mikroklima. Die indianischen Ureinwohner hielten den gigantischen Vulkankessel für den Nabel der Welt. □

Jutta von Campenhausen, *Autorin aus Hamburg, war hingerissen von der Blütenpracht am Fuße des Vulkans Rumiñahui.*

MERIAN | INFO Vulkantrekking

KRATER WOLLEN EROBERT WERDEN

Einmal im Leben auf einem Vulkan stehen – der Traum vieler Ecuador-Reisender. (Fast) jeder kann ihn sich erfüllen, normale Fitness vorausgesetzt, einen guten Bergführer, mehrere Tage Höhenanpassung und die richtige Ausrüstung.

Im Prinzip können alle Vulkane Ecuadors bestiegen werden, wenn sie nicht gerade Lava, Asche oder heiße Gesteinsbrocken speien. Aber es gibt eine klare Einteilung in Anfänger-, Fortgeschrittenen- und Expertenvulkane.

Ideale Eintages-Gipfel für Anfänger und zur Akklimatisation sind zum Beispiel die beiden Hausberge der Stadt Quito – *Rucu* (4 698 m) und *Guagua Pichincha* (4 794 m) – wo eine Seilbahn die Wanderer schon bis auf 4 000 Meter trägt. Im Norden sind *Imbabura* (4609 m) und *Fuya Fuya* (4 263 m) einfach zu erklimmen, auf der südlichen Avenida der Vulkane *Atacazo* (4 463 m), *Corazón* (4 788 m), *Rumiñahui* (4 712 m) und *Iliniza Norte* (5 126 m). Ein wenig mehr Erfahrung und zwei Tage Zeit benötigt man für den *Cotacachi* (4 939 m).

Wunschziel vieler Andinisten ist der *Cotopaxi*, mit 5 897 Meter der höchste aktive freistehende Vulkankegel der Erde. Seine Bedeutung für die ecuadorianischen Anden entspricht in etwa der des Matterhorns in den Alpen. Der Cotopaxi gilt als technisch einfach. Um nicht zu scheitern, ist allerdings eine fünftägige Höhenakklimatisation empfehlenswert, die Tour selbst dauert normalerweise zwei Tage.

Konditionell fordernder als der Cotopaxi ist der *Cayambe* (5 790 m), über dessen vereiste Südflanken die weltweit höchste Erhebung der Äquatorlinie verläuft. Wegen vereister Steilhänge ist der Gipfel des *Chimborazo* technisch deutlich anspruchsvoller. Sein 6 310 Meter hoher Gipfel ist der von der Erdmitte am weitesten entfernte Punkt, Alexander von Humboldt schaffte es 1802 nicht bis zum Gipfel (siehe Text auf S. 44).

Von der Schutzhütte auf 5 000 Metern braucht man für den Auf- und Abstieg zwölf bis 16 Stunden.

Technisch einfach, aber nicht ungefährlich, weil er häufig Gesteinsbrocken speit, ist der aktive *Sangay* (5 230 m). Für Touren zu seinem Gipfel wird normalerweise eine Woche veranschlagt. Die beste Zeit dafür ist November bis Januar.

Nur für sehr fortgeschrittene Bergsteiger eignen sich Altar (5 319 m) und Antisana (5 704 m).

Bei der Wahl des Bergführers ist es wichtig, zwischen einem *Guía Nativo* und einem *Guía de Montaña* unterschieden werden. Ein indianischer Führer mag für Wanderungen auf den Hochebenen ausreichen. Für die Besteigung eines Fünftausenders bedarf es jedoch eines ausgebildeten Führers der Asociación Ecuatoriana de Guías de Montaña.

Vor allem muss ein Guide die Fähigkeit besitzen, seine Schützlinge immer wieder zu motivieren, damit sie das sauerstoffarme Ziel erreichen. Leider ist so mancher unseriöse Führer aber darauf aus, von der Schutzhütte zackig loszulaufen: Dann ermüden vor allem Anfänger schnell, oder sie werden höhenkrank. So kann der Führer lange vor dem Gipfel kehrtmachen und die Schuld den Kunden und ihrer mangelnden Akklimatisation zuschreiben. *Volker Feser*

Folgende empfehlenswerte Bergagenturen stellen sehr gute deutschsprachige Bergführer.

Alle Preise verstehen sich inklusive Ausrüstung und Übernachtung.

Tel. (02) 256 52 94
www.ecuador-climbing.info
Tel. (02) 256 54 65
www.volcanoclimbing.com
Tagestouren ab 80 €, 2-Tages-Touren ab 200 €, Cotopaxi oder Cayambe (6 Tage inkl. Akklimatisation) ab 700 €, Cotopaxi und Chimborazo (8-10 Tage) ab 1200 € Sangay (1 Woche) ab 800 €

Alberto Pulla fertigt unbestritten die schönsten Strohhüte der Stadt, wenn nicht des Landes. Sein Handwerk hat ihn die Sprache gekostet: Chemische Bleichmittel zerstörten seine Stimmbänder

Schmiedeeiserne Balkone, verzierte Tür- und Fensterbögen, dunkelgraues Kopfsteinpflaster: Eine Gasse ist schöner als die andere

cuenca so schön, dass es **schmerzt**

Geschichte und Gegenwart haben sich in Cuenca aufs Herrlichste versöhnt: Inka, Spanier und Franzosen prägten die Architektur der Stadt jeweils neu. Heute wird der alte Glanz erhalten und gepflegt

Text: Karin Ceballos Betancur
Fotos: Christoph Otto

g

groß wie der **Glaube** der Cuencanos

Die Neue Kathedrale von Cuenca, der Unbefleckten Jungfrau geweiht, ist das größte Gotteshaus Südamerikas. Im Bauplan waren für die beiden Haupttürme noch Kuppeln vorgesehen – die aber zu schwer für die fragile Statik des Gebäudes waren. Deshalb kamen die beiden Türme schließlich nicht unter die Haube

Gott hat Platz in der kleinsten Hütte – zum Beispiel in diesem Winkel der Markthalle, gleich neben dem Stand für Würste und Geflügel

Sonntags, nach der Messe, gleicht Cuenca einer unbespielten Historienfilmkulisse. Verwaiste Balkone, stumme Arkaden, kein Mensch in Jeans und Turnschuhen, der Gegenwart demonstriert. Im besten Fall bringt der Tag des Herrn die Übertragung eines Fußballspiels im Radio, lässt sie im Gemischtwarenladen an der Ecke aus Lautsprechern poltern, das einzige Lebenszeichen weit und breit. Dann fällt ein Tor im Stadion. Gooool! Der Schrei des Kommentators verhallt ungehört in den Gassen, die so viel mehr sind als nur Kulisse.

Cuenca ist schön, wenn die Nachmittagssonne Schatten aus steinernen Blumen und Rosetten zeichnet und die weißen Fassaden gegen einen dunkelblauen Himmel leuchten, der nach Regen riecht. Cuenca ist schön, wenn der Zufall eine alte Indianerin auf die oberste Stufe einer steilen Treppe am Fluss zaubert und sie mit einem letzten Zahn im Unterkiefer auf den letzten Metern aufwärts lächelnd sagen lässt: „Gut so! Sie kommen voran!" Cuenca ist schön, wenn die blauen Kuppeln der Kathedrale über der Stadt schimmern wie Muschelberge. Und wenn alles zusammen passiert, dann ist Cuenca so unfassbar schön, dass es weh tut, wenn man weiß, dass man nicht für immer bleiben kann.

Am Montag kehrt das Leben zurück in die Kulisse. Gustavo Jiménez läuft durch die Straßen seiner Stadt wie ein Verliebter, der mehreren Mädchen gleichzeitig den Hof macht. Er schaut vorbei im Atelier von Carlos Bustos Fernández, wo die Morgensonne auf Spiegel und Bilderrahmen aus Blech blinzelt, in die der alte Kunsthandwerker, sein Leben lang schon, tief über die Arbeitsplatte am Eingang gebeugt, mit Nadeln und Messerspitzen Ornamente treibt, Lack über gestanzte Papageien, Sonnen und Wellenkämme verteilt. Gustavo erkundigt sich, wie die Geschäfte der Chola stehen, einer Indianerin mit langen Zöpfen, Hut und weitem Rock, die ein paar Häuser weiter im Schatten eines Hutladens darauf wartet, dass auf dem Trottoir das Stroh ihrer Hüte unter der Sonne bleicht. Er lenkt den Blick in Werkstätten von Schreinern und Schustern, die gegenwartsvergessen zwischen Gerätschaften arbeiten, deren Bezeichnungen sich nur mühsam ins 21. Jahrhundert gerettet haben. Und obwohl er in der Calle Gran Colombia, wo sich wie zu Gründerzeiten Gold- und Silberschmiede an der Straße reihen, vor Taschendieben warnen muss, sagt Gustavo, seine Stadt, Cuenca, sei die schönste in ganz Ecuador. Nun ist es nicht so, als wüsste er es

Aus jeder Perspektive ein neuer Genuss – die himmelblau schimmernden Kuppeln der Neuen Kathedrale

Zeugnis von **Frömmigkeit**

nicht besser. Der Mann in den Vierzigern arbeitet seit Jahren als Guide, fliegt mehrfach im Monat nach Quito, um Touristengruppen abzuholen und Rundreisen zu begleiten. „Und wenn wir am Schluss nach Cuenca kommen, fragen sie: Gustavo, warum hast du uns nicht schon viel früher hierher gebracht?“ Er lächelt, mit mildem Stolz. Gustavo liebt die entspannte Geschäftigkeit, die in Cuenca den Rhythmus des Lebens prägt und Raum für den kleinsten Händler lässt, der in einem Hauseingang hockt und Nüsse röstet. In der Calle Tarqui grüßt er Alberto Pulla, den Huthändler, der stumm lächelnd in der offenen Tür seines Ladengeschäfts steht – eine Koryphäe seiner Zunft, dem chemische Bleiche bei der Arbeit die Stimmbänder zerstört hat. Keine Zeit für einen ausgedehnten Besuch. „Du hast noch längst nicht alles gesehen“, sagt Gustavo.

Seinem historischen Zentrum verdankte Cuenca 1999 die Aufnahme ins kulturelle Welterbe der UNESCO. 25 Jahrhunderte Geschichte haben auf 200 Hektar Fläche ihre Spuren hinterlassen. Wo das Alte weicht, macht es Neuem Platz, das die Tradition ablöst, aber nicht ohrfeigt.

Der Name der Stadt, der im Spanischen eine Flussebene bezeichnet, weist auf ihre ideale Lage hin, die 500 v. Chr. das Volk der Cañari zur ersten Siedlung veranlasste. Als die Inka die Stadt im 15. Jahrhundert erobert hatten, planten sie, Cuenca zu polieren. Dann kamen die Spanier. 1557 wurde die Stadt erneut gegründet, offiziell, als Kolonialposten. Die europäischen Herren lebten von der Agrarwirtschaft und dem, was sich an Profit aus den Minen der Umgebung schlagen ließ.

Vier Flüsse sichern Cuencas Trinkwasserversorgung. Oben, auf der Ebene des Stadtzentrums, erreichen die Villen des Barranco-Viertels gerade mal ein Stockwerk Höhe, um an ihrer Rückseite, zum Fluss, vier Ebenen in die Tiefe zu fallen.

Der Tomebamba, der das Zentrum touchiert, ist ein klarer Strom, der mit der Ausgelassenheit eines Gebirgsbachs über sein wildes, steiniges Bett springt. Früher wurde der Tomebamba regelmäßig getauft, um Hochwasser zu verhindern. Dennoch trat er über die Ufer, immer wieder. 1950 riss eine Flut 12 Brücken der Stadt mit sich. Die Reste einer dieser Ruinen, Puente Roto, die „Kaputte Brücke“, die das Schicksal der Zerstörung im Namen trägt, ragen bis heute über den Strom. Wenn alles nach Plan läuft, wird am südlichen Flussufer ein Vergnügungsviertel entstehen, stilvoll und kulturell ambitioniert, mit Promenaden, Museen, Kinos und Bibliotheken.

In der alten Kathedrale: Geschnitzte Figuren von Jesus, Maria und elf Jüngern (Judas fehlt)

Für ein paar Dollar: Seit 40 Jahren verka

Von den Kolonialbauten der Conquistadores sind nur 16 im ursprünglichen Zustand erhalten. Gustavo steuert sein Lieblingshaus an, im Westen von Cuenca, das heute ein Museum beherbergt. Lange Zeit war es das erste und einzige Hotel der Stadt, einziger Schmuck der schlichten Fassade sind die gedrechselten Streben der Balkonbrüstung aus dem Holz von Ananaskirsche und Nussbaum. „Mach ein Foto", sagt Gustavo, „hier aus dem Fenster, das sieht gut aus", während er im Hintergrund Geschichte referiert.

Simón Bolívar erklärte 1820 die Unabhängigkeit der Provinz Cuenca von Spanien. Zehn Jahre später löste sich Ecuador aus dem Bund Großkolumbiens. Alles Spanische, das bisher das Stadtbild geprägt hatte, galt jetzt als rückschrittlich, finster, passé. Viel lieber hielten sich die Cuencanos an die Franzosen, die erstmals 1736 ins Land gekommen waren, um den Äquator zu vermessen. Befeuert von den Errungenschaften der Französischen Revolution, gab sich Cuenca ab Mitte des 19. Jahrhunderts *très français.* Ornamente wuchsen aus den Fassaden, überwuchert von Weinreben, ziselierte Zinn- und Messingplatten schmückten Treppenaufgänge. Im Inneren blieb die Struktur der Häuser dem Kolonialprinzip verpflichtet. Ein Patio mit Innengarten, manchmal noch ein zweiter mit angrenzenden Zimmern für die Bediensteten. In manchen Adobewänden, sagt Gustavo, werden bei Renovierungen noch heute Knochenstücke gefunden: Überreste verstorbener Bediensteter, die beim Bau als Glücksbringer eingelassen wurden. Einige der Stadthäuser sind heute als Hotels bewohnbar, andere stehen als Museen und Läden offen.

In einem Antiquariat lebt Doña Laura zwischen Puppen und Heiligen, Topfpflanzen und Wellensittichen, geklöppelter Spitze und Schnittmustern an der Straße La Condamine. Gespräche über die Teile ihres Mobiliars, die zum Verkauf stehen, ziehen sich über mehrere Tassen Kaffee hinweg bis in den Nachmittag. Gustavo sagt, dass er das Geschäft nicht zusammen mit seiner Frau betreten kann, weil sonst erhebliche Teile des Mobiliars innerhalb weniger Stunden die Besitzerin wechseln.

Wer tief Luft holt und über die Dächer der Stadt steigt, blickt auf ein Meer rotbrauner Ziegeldächer. Das reglose Wogen des von Moos und Witterung melierten Panoramas wirkt harmonisch. Es heißt, dass die indigenen Handwerker die Dachschindeln auf ihren Oberschenkeln formten. Immer wieder bleibt der Blick am beeindruckendsten Gebäude der Stadt hängen: Die Neue Kathedrale, der Unbefleckten Jungfrau geweiht, mit ihren Bögen aus braunem Stein und den blauen Mosaikkuppeln, ist die größte Kirche des südamerikanischen Kontinents. Womöglich auch die Schönste. Auf jeden Fall eine der Ungewöhnlichsten, was auch mit ihrer Entstehungsgeschichte zu tun hat. Ihre Präsenz macht süchtig, und wer sich so unglücklich in den Gassen der Stadt verläuft, dass die Kathedrale vom Horizont verschwindet, beginnt unwillkürlich, nach ihrer Silhouette zu suchen. Um diesem Entzug vorzubeugen, verbietet ein Gesetz den Bau von Häusern, die die 55 Meter hohen Kuppeln überragen.

Der deutsche Geistliche Johannes Baptist Stiehle reiste 1873 nach Ecuador, beauftragt mit dem Bau einer vergleichsweise kleinen Kirche in Riobamba. In Cuenca erhielt der Autodidakt in Architektur, Ingenieurwesen und Bildhauerei den bischöflichen Auftrag, eine Kathedrale zu bauen, „so groß wie der Glaube der Cuencanos". 1885 begannen die Arbeiten, die erst 1967 abgeschlossen waren. Der Bau ist ein kunsthistorischer Ritt durch die Architektur der Jahrhunderte, ein imposantes Sample sakraler

aría Pauta Blumen auf dem Markt

Zimmer zum Hof: Im Patio des Hotels Mansión Alcazar entspannen sich die Gäste

Bühne der **Zeitlosigkeit**

Kunst, dessen Bestandteile Gustavo referiert wie ein Kuchenrezept: Der Boden stammt aus Carrara, die Rotunden, Vorbildern aus Notre Dame und York nachempfunden, aus Belgien. Inspiration für den Altar bot der Petersdom. Romanische Bögen, dorische Säulen, rosafarbener Marmor, weißer Alabaster. Eine Marienfigur mit indigenen Zügen breitet die Arme über Sonne und Mond, die Götter der Inka. Am Eingang erinnert eine disneyrealistische Statue von Johannes Paul II. an den Papstbesuch von 1985. 400 000 Menschen nahmen damals an der Messe teil, die Kathedrale bietet Platz für knapp 10 000.

Kein Gebäude der Stadt reicht an ihren Glanz heran. An den eleganten Schwung der Portale, gekrönt vom blauen Funkeln der Kuppeln über der tonroten Dächerebene. Türme und Erker, die strenge Kanten aufziehen wie junge Novizen. Ein lautloses Donnern der schieren Größe. Ursprünglich waren noch zusätzliche Kuppeln und Glocken für die Haupttürme vorgesehen. Die allerdings hätten das Gotteshaus zum Einsturz gebracht. Ein Riss in der Front verweist auf die überraschende Fragilität der massiven Konstruktion. Hinge das Seelenheil einer Siedlung von der Anzahl ihrer Kirchen ab, Cuenca wäre eine Insel der Glückseligen. 52 gibt es im Stadtgebiet, 16 davon im historischen Zentrum. Welchen Stellenwert sie im Alltag einnehmen, lässt sich erahnen, wenn man die Kreuze beachtet, die an vielen der alten Mauern in Kniehöhe aufgemalt worden sind. Dass Priester damit dem Wildpinkeln Einhalt gebieten wollen, ist rührend. Dass die Maßnahme greift, grenzt an ein Wunder.

Gustavo hat sich verabschiedet, die nächste Reisegruppe wartet, touristische Pilger, die noch nicht wissen, dass sie auf der Suche nach Cuenca sind. Am Abend feiern Gläubige in der Kirche Carmen de la Asunción die heilige Messe. Von der Straße fallen zwei Jugendliche unvermittelt ins Vaterunser ein, verfolgen einander um die Bänke herum, zitternd vor Wut, aber gemessenen Schrittes, bis der Kaplan einen von ihnen zurück auf die Straße begleitet. Nebenan im Karmeliterinnen-Kloster leben 20 Nonnen hinter hohen Mauern. Es heißt, sie seien kahl geschoren und stets barfüßig, aber Genaues weiß kaum jemand. Die Nonnen leben abgeschieden vom Rest der Welt, und wer das Kloster einmal betreten hat, darf es bis zum Tod nie mehr verlassen. Kommunikation mit Angehörigen ist einzig durch ein dunkles Fenster möglich, das dem Austausch von Worten und Waren dient, aber die Sicht verhindert. Vormittags passieren Orangenmarmelade, Zitronencreme zur Gesichtsreinigung oder Weihnachtsgesänge der Schwestern auf CD die Schleuse. Draußen, am Straßenrand, wird ein transparenter, übel riechender Sud verkauft, den die Nonnen brauen. Er soll Wunder wirken, vielleicht auch nur Gutes, eine Art Instant-Rosenkranz.

Gewalt und Glaube, Kolonialzeit und Republik, Geschichte und Gegenwart – in Cuenca scheinen die Gegensätze zu einem Waffenstillstand gefunden zu haben. Überall im historischen Zentrum sind Restaurateure am Werk, wird hinter Planen gehämmert und gestrichen, erhalten, erneuert und erweitert. Scharfe Kanten einer modernen Espressobar schneiden die weiche Wölbung eines Kirchenschiffs. Unter einer intakten Schale wandeln sich die Inhalte. Und selten hat das 21. Jahrhundert dabei besser ausgesehen. □

Karin Ceballos Betancur *leidet unter Höhenangst. Um die Kuppeln der Kathedrale anzuschmachten, war ihr dennoch kein Dach zu hoch.*
Christoph Otto, *Fotograf aus Berlin, mochte Cuencas Überschaubarkeit.*

Die Route an der **Teufelsnase** vorbei gilt als spektakulärste Eisenbahnstrecke der Welt. Die Passagiere kauern auf dem Dach der Waggons und genießen die Aussicht. Seit einem Unfall verkehrt derzeit nur ein Schienenbus – sehr zum Leid von Lokführer Gilberto Zavala Text: Roland Schulz

Endstation Sehnsucht

An Morgen, die noch halbe Nächte sind, holt Gilberto Zavala die Maschine aus dem Depot, prüft Motor und Bremse und lässt dann, wie es immer stolze Sitte war, das Signalhorn ertönen. Dann wissen die Menschen in Riobamba, dass heute Mittwoch oder Freitag oder Sonntag ist, ein Zugtag. Gilberto Zavala gibt Gas, bockend setzt sich die Maschine in Bewegung, rattert über die Bohlen, langsam fährt der Zug in den Bahnhof ein. Die Passagiere warten schon, klamm vor Kälte, mit dampfenden Atemwolken vor den Mündern, umlagert von fliegenden Händlern, die ihnen Tee und Kaffee verkaufen wollen. Schweigend mustert Gilberto Zavala die Menschen. Alles wie immer. Und dennoch alles anders. Wie ein versprengtes Grüppchen wirken die Passagiere, verloren auf der Weite des Bahnhofs, keine 50 Menschen, wo Hunderte sein müssten. Gilberto Zavala wendet sich ab. Er hat die Enttäuschung in den Augen mancher Passagiere gesehen, die Enttäuschung über seine Maschine.

Seit 33 Jahren steht Gilberto Zavala im Dienst der ecuadorianischen Eisenbahngesellschaft EFE, und er war stets stolz darauf. Doch in jüngster Zeit fällt ihm der Stolz schwer. Einst hat er Frachtzüge gefahren, länger als ein Fußballfeld, vom Hochland der Anden bis hinunter an die Küste; und seine Maschine war eine alte Alstom. „Gute Lokomotive“, sagt er. Gilberto Zavala fährt heute nur noch von Riobamba zu den Ruinen der Station von Sibambe, und seine Maschine ist ein einfacher Schienenbus mit Dieselmotor, nicht mehr PS als ein Lastwagen.

„Wir können sowieso nur 30 Stundenkilometer fahren“, sagt er, „mehr lässt die Strecke nicht zu.“ Er lächelt gequält. Gilberto Zavala weiß, was seine Passagiere erwarten, wenn sie zum Bahnhof von Riobamba kommen: Sie wollen eine der spektakulärsten Eisenbahnstrecken Südamerikas erleben, auf dem Dach von Waggons sitzen, an eine zugkräftige Lok geschirrt, so wie es im Reiseführer steht – eines der letzten großen Abenteuer auf der Schiene. Und dann kommt er. Mit einem Schienenbus. Und muss erklären, dass auf dem Dach Sitzen zur Zeit verboten ist. „Die Strecke stirbt“, sagt Gilberto Zavala, „und der Zug auch.“

Er sitzt im Sessel des Zugführers, ein stattlicher Mann von 57 Jahren, dessen schwarzes Haar stets von der Dienstmütze verdeckt ist, auf der in Messinglettern geschrieben steht: Motorista, Maschinist. Sein Reich ist klein. Direkt vor ihm die Windschutzscheibe und ein Armaturenbrett, das außer der Geschwindigkeit nicht viel anzeigt. Direkt hinter ihm sitzen, wie in einem Bus, seine Passagiere. Über allem wacht, in einem Schrein, die Jungfrau Maria.

Gilberto Zavala löst die Bremse, langsam rollt der Schienenbus auf die eingleisige Strecke. Es ist 6.40 Uhr, fahrplanmäßige Abfahrt, darauf achtet Gilberto Zavala, auch wenn sein Zug heute der einzige ist. Während sich der Zug durch Riobambas Vorstädte zwängt, sind die Häuser zum Greifen nah, deswegen lässt der Zugführer in stetem Intervall sein Signalhorn pfeifen, zu Gruß und Warnung. Dann franst die Stadt aus, die Häuser bleiben zurück, der Zug gewinnt Land.

An den Hängen hängt noch der Nebel. Es ist eine raue Landschaft, steinig und trostlos liegt sie da in dieser Stunde, in der die Kraft der Sonne noch fern ist. Das Grau der Felsen geht über in das Grau des Himmels, alle Farben sind stumpf, allein das karge Gelb ausgedörrter Maisfelder und das harte Grün von Eukalyptusbäumen stechen hervor. Die Strecke ist kurvig, die Bewohner der Dörfer benutzen sie oft als Pfad. Deswegen lässt Gilberto Zavala seine Augen nicht von den Schienen, die von Gras so überwuchert sind, dass man die Bohlen kaum sieht. Er hat die rechte Hand auf der Kupplung liegen, die linke am Schalter des Signalhorns und wippt in seinem Sessel auf und ab wie ein Springteufel, weil sich der Wagen in den Schienen hin- und her wirft wie ein Ruderboot auf welliger See. So fährt Gilberto Zavala. Ab und an scheucht er Hunde auf, die bellend neben Schienenbus herjagen, vergebens bemüht, ihn einzuholen. Ab und an durchquert er winzige Ansiedlungen. Sonst stampft er die Strecke entlang.

Eine Ewigkeit oder auch nur zwei Stunden später erreicht der Zug Guamote. Hier pflegt er zu halten, vordergründig für ein Frühstück, in Wahrheit, um den Dörflern Geschäfte mit den Passagieren zu ermöglichen. Guamote lebt davon. Doch die Geschäfte gehen schlecht. Seit dem Unfall, sagen die Menschen. Sie sprechen nicht gerne darüber. Es war im Februar. Die Passagiere saßen auf dem Dach, so wie es üblich war. Als der Zug Guamote erreichte, hing dort ein Kabel über der Strecke, eine Telefongesellschaft hatte es vergessen. Das Kabel fuhr wie eine Sichel unter die Reisenden, peitschte zwei Japaner vom Dach, sie starben.

Seither ist auf der Strecke nichts mehr, wie es einmal war: Das Fahren auf dem Dach wurde verboten, neue Sicherheitsbestimmungen untersagten wegen des schlechten Zustands der Schienen den schweren Zügen die Fahrt. Nur noch der Schienenbus ist erlaubt. Eine Katastrophe. Für die Eisenbahngesellschaft ebenso wie für die Dörfer an der Strecke. „Früher hatten wir 600 Passagiere pro Zug", sagt Gilberto Zavala. Heute sind es pro Schienenbus 60 Leute. Es gibt weniger Platz, aber es kommen auch weniger Menschen. Der Zugführer kann das gut verstehen: „Die Touristen wollen auf dem Dach fahren. Wenn sie das nicht dürfen, warum sollten sie kommen?" Seine einzige Hoffnung ist, dass die Strecke 2008, zu ihrem hundertsten Geburtstag, restauriert wird – und dass bis dahin die landschaftliche Schönheit den Touristen genügt.

Passagiere und Steuermann reisten auf dem Dach. So war es normal, vor dem Unfall

Gleich hinter Guamote öffnet sich das Gelände zu einem weiten, von Wäldchen zierlicher Pinien durchzogenen Tal, durch das schnurgerade die Spur der Schienen verläuft. Die Sonne ist nun stark genug, durch die Wolken zu brechen, ihre Strahlen geben den Dingen die Farbe zurück: Was vorher stumpf schien, wirkt nun kräftig, Wiesen, Wäldchen, das nahe Gebirge. Als der Schienenbus in zerklüftetes Gelände einfährt, gibt die Landschaft frei, für was die Zugfahrt berühmt ist – einen weiten Blick über die wuchtige Berglandschaft der Anden. Auf den Hängen ein Wirrwarr sich verlaufender Saumpfade, in einer Schlucht ein funkelnd blauer Fluss, die Berge braun und voll strohigem Gras, das von der Sonne gebleicht ist.

Dann erreicht der Zug das Städtchen Alausí. Der Höhepunkt der Fahrt ist nah – die Teufelsnase: Die Gleise verlaufen hier durch zerfurchte Bergketten, in spitzen Kehren und immer scharf am steil abfallenden Hang entlang. Gilberto Zavala drosselt die Geschwindigkeit, der Zug tastet sich die Schienen entlang. „Hier sind wir früher 80 gefahren", ruft er durch das Dröhnen des Diesels. Er lacht. Ein Scherz. Hier fährt niemand 80 Stundenkilometer. Dann hält Gilberto Zavala an. Er dreht sich zu den Passagieren, deutet auf eine vorausliegende Geröllwand, ruft: „La nariz del diablo!" Die Teufelsnase. Die Felsformation, vage einer Fratze mit hervorspringender Nase ähnelnd, ist das Symbol der Strecke. Beim Bau des steilen, kurvenreichen Abschnitts kamen hier durch Sprengunfälle und Steinschlag Dutzende Arbeiter ums Leben, die Strecke bekam den Titel „Schwierigste Eisenbahn der Welt". Die Schienen laufen im Zickzack den Hang hinab, der Zug stößt vor und zurück, anders ist das Gefälle nicht zu bewältigen. Sorgfältig steuert Gilberto Zavala die Geschwindigkeit aus, lässt den Schienenbus sanft nach unten fahren.

Als er am Fuß der Teufelsnase anlangt, schlägt ihm Hitze entgegen. Der Wind, heiß und kräftig hier, wirbelt Staub zu kleinen Wolken auf. Neben den Gleisen ragen verfallene Mauern empor, gebleicht von Sonne und Zeit, überwuchert von Gestrüpp. Die Station von Sibambe. Wie verwunschen liegt die Ruine des alten Bahnhofs da, dabei wurde er erst in den neunziger Jahren aufgegeben. „Hier hat sich die Strecke früher gegabelt", sagt Gilberto Zavala und deutet auf zwei Gleise, die ins Nichts führen. „Links ging es nach Cuenca, rechts hinunter nach Guayaquil. Das waren die glorreichen Zeiten." Heute geht es nur noch zurück – nach Alausi. Bevor er rückwärts wieder hinauffährt, Richtung Teufelsnase, lässt der Zugführer sein Signalhorn ertönen. Einmal, zweimal, er macht das immer so am Ende der Strecke, ein letzter Gruß. □

Familienausflug auf den Vulkan Pichincha: Kalt und windig ist es auf rund 4800 Metern über dem Meer, aber warm in den Herzen der Familie: Endlich ist Carlos (Mitte) wieder in Quito!

„Ich komme bald nachhause..."

„... und dann sind wir alle wieder zusammen." Das verspricht Carlos jeden Tag. Seinem Sohn in Hamburg, wenn er in Ecuador zu Besuch ist. Seiner Großmutter in Quito, wenn er in Deutschland arbeitet. Wie fast vier Millionen andere Ecuadorianer ist er ausgewandert, weil er in der Heimat keine Zukunft sieht. Aber auch das Leben im gelobten Ausland ist frustrierend

Text: Verena Lugert, Fotos: Andri Pol

Von früh bis spät putzt Carlos in Hamburg Kneipen und fremde Wohnungen – das Geld reicht trotzdem nie aus

„Bald sind wir alle zusammen. Bald!" Die Großmutter strahlt. Sie deckt auf und deckt ab, und erst gegen Ende des Mahls, als alle anderen den Nachschlag auf dem Teller haben, setzt sie sich selbst an eine Ecke der langen Tafel. Darauf türmen sich Schweinefleischstücke, eine Platte mit Maiskolben, eine Schüssel mit gekochten dicken Bohnen und eine Schale *ají*, ecuadorianische Sauce aus Baumtomaten, Chili, Koriander und roten Zwiebeln. Im Bilderrahmen, von dem das Gold ein wenig abblättert, hängt an der Wand eine Replik des „Letzten Abendmahls". Und darunter sitzen die zwölf, die drei Generationen, die Mitglieder der Familie, die zuhause sind und nicht überall auf der Welt verstreut. Die bei ihr in Quito sind und nicht in Madrid, nicht in Hamburg, nicht in den USA.

Die Küche hinter dem Esszimmer ist winzig, auf dem Kühlschrank ist eine ganze Topfbatterie untergebracht, zwanzig mögen es sein, platzsparend ineinander verstaut, der Turm ragt fast bis zur Decke. Im Wohnzimmer stehen zwei Sofas an der Wand, ein drittes gegenüber. Ein Fernseher. Eine Musikanlage, aus der Salsa scheppert. Da ist ein handtuchschmaler Innenhof, in dem Tante Paulina die Wäsche auf dem Waschbrett rüttelt und spült. Oben die Schlafzimmer, wo auf rohen Balken das Wellblechdach liegt. Die Wände sind aus Pressspanplatten. Die Vorhänge hängen an Wäscheleinen oder sind mit Nägeln in die Wand getrieben.

„Seit dreieinhalb Jahren habe ich nicht so gut gegessen", sagt Carlos. Er ist seit einer Stunde wieder im Land, bei seiner Familie, die er dreieinhalb Jahre nicht sah. Carlos hat dunkles, gewelltes Haar und ein freundliches Gesicht. Er ist 26 Jahre alt und arbeitet in Deutschland, als Putzmann.

Ein Drittel von Ecuadors Bevölkerung lebt nicht in Ecuador, sondern im Ausland – fast vier Millionen von 13 Millionen Menschen. In deutschen Mengenverhältnissen ist das so, als hätten sich sämtliche Bewohner von Bayern, Baden-Württemberg und Hessen nach Übersee zur Fremdarbeit aufgemacht. In Ecuador gibt es inzwischen ganze Dörfer ohne Väter – alle sind sie emigriert, in der Hoffnung, ein paar Dollar nach Hause schicken zu können. Sie arbeiten als Haushaltshilfen, Hilfsarbeiter und Handlanger – meist illegal. Dabei haben viele von ihnen einen höheren Schulabschluss oder eine Berufsausbildung. Es ist die Mittelschicht, die geht, die Menschen, die Ecuador dringend bräuchte. Die nur selten den Weg zurück in die Heimat finden. Und das obwohl Ecuador ein reiches Land sein könnte mit seinem Öl. Das Land ist Weltmeister im Bananenexport. Doch die zwei Milliarden Dollar, die Emigranten jährlich an ihre Familien überweisen, sind wichtiger als die Bananen, nach dem Öl der Hauptwirtschaftsfaktor des Landes. Ecuador ist das Land, das Menschen exportiert.

Carlos' Bruder Juan, 27, und seine „Abuelita", das Großmütterchen, haben ihn gerade am Flughafen abgeholt. Während er wartet, nähert sich ihm ein Kind, schmutzig, trotzig. „Ich putz' dir deine Schuhe, so sauber waren die noch nie!" – Carlos lässt es geschehen, gibt mehr Geld als üblich. Er sieht seinen Bruder und fällt ihm um den Hals. „Hombre", retten sie sich ins kumpelhafte und schlagen sich auf die breiten Rücken. Seine Augen glänzen, als er die Großmutter umarmt, die – lächelnd, zart und vogelknochig – in seinen Armen versinkt. Drei Kinder hat ihr das Ausland gestohlen, zwei Töchter und einen Sohn. Und zwei Enkel. Carlos ist einer davon. Und endlich wieder daheim – für ein paar Wochen, für einen Besuch.

Mit 19 ist er in ein Flugzeug gestiegen und nach Madrid geflogen. Für das Flugticket hatte seine Mutter Lilian bei einer ihrer Putzstellen einen Kredit aufgenommen. Carlos hat in Madrid als Hilfsarbeiter angefangen. Mit 15 anderen Illegalen hat er eine enge Vierzimmerwohnung am Stadtrand geteilt. Es war ein Ecuadorianer mit Papieren, der die Wohnung untervermietete. Er ließ sich seinen Status teuer bezahlen – 250 Euro Miete pro Person – bei wem hätten die Illegalen sich schon beschweren können? „Im Ausland sind die Ecuadorianer untereinander die schlimmsten", erzählt Carlos. Solidarität unter Exilanten? Von wegen!

„Ich hatte immer solche Angst davor, bei einer Razzia aufgegriffen zu werden", sagt Carlos. Er fühlte, dass er nicht erwünscht war in Spanien, das mit New York und Miami die meisten Ecuadorianer außerhalb Ecuadors aufweist. „Ich war so einsam in dieser Zeit", sagt er, „und traurig." Deshalb verließ er das fremde Land, dessen Sprache er jedenfalls sprach, und ging, ohne ein Wort Deutsch zu verstehen, zu seiner Mutter nach Hamburg.

„Ich bin nach der Trennung von meinem Mann nach Europa gegangen", erzählt sie mit brüchiger Stimme. Lilian war 34, als sie vor elf Jahren ihre

Zu Hause. Wo ist das?

Ist er es wirklich? Carlos' Vater (links oben) wusste nichts vom Besuch seines Sohnes. Mitte: Tante Paulina beim Waschen im Hof. Unten: Hühnchen und Bohnen, ein Festessen! Die Großmutter (rechts) setzt sich erst, wenn die anderen schon beim Nachschlag sind

vier Kinder verlassen hat, die damals zwischen fünf und 15 Jahre alt waren. Sie schluchzt, wenn sie darüber spricht. „Nach der Scheidung war einfach kein Geld da – und meine Kinder sollten doch zur Schule gehen", weint sie. „*No tenía, no tenía*", sie hatte ja nichts, ja gar nichts. „Komm her", sagte die Schwester, die damals schon in Hamburg putzte. Sie erzählte von den unendlichen Möglichkeiten im reichen Europa. Wo man in einer Stunde mehr verdient als in Ecuador an einem ganzen Tag. „Am Anfang ging es noch gut, ich konnte 200 Dollar im Monat nach Quito schicken, das war viel, sehr viel Geld", sagt Lilian. Doch das Leben ist teuer in Europa, und seit sie ihren Jüngsten, Edison, zu sich geholt hat, hat sie Mühe, sie beide über Wasser zu halten. Sie leben in Madrid, inzwischen, Edison soll ja in die Schule gehen. Aber es gibt so viele Verzweifelte in Madrid, die putzen gehen, weshalb Lilian nicht mehr genügend Jobs bekommt. Und dann ist da die fiebrige Allergie, wegen der sie schon dreimal ins Krankenhaus musste. Dann reicht das Geld nicht einmal für Essen und Miete. Dann muss Carlos ihr mit dem Nötigsten aushelfen. Vor sechs Jahren war Lilian zuletzt daheim. „Es hat mir damals das Herz zerrissen, wieder zu gehen", sagt sie.

Carlos, der eigentlich Kfz-Mechaniker ist, verrichtete in den ersten Jahren jede Arbeit, die er bekommen konnte. Seine Ausbildung wird in Deutschland nicht anerkannt, Autos sind Autos, denkt man, aber das gilt nicht für einen, der das Reparieren in einem Entwicklungsland gelernt hat. Irgendwann begann er zu putzen – das hatte Lilian ihm beigebracht. „Ich hatte Angst davor, krank zu werden, denn ich war ja nicht versichert", sagt Carlos. Und er lebte im ständigen Schrecken, wieder von einem Wohnungsvermittler betrogen zu werden: der seine Miete einstrich, ohne sie dem Vermieter weiterzugeben. Der ihm dann die Polizei auf den Hals hetzen würde. Die dunklen, kalten Winter in Hamburg deprimierten ihn. „Doch ich konnte nicht aufgeben, weil ich ja nirgendwo hinkonnte", sagt er. Der Flug nach Hause war unerschwinglich.

Dann lernte er in einer Disco Sonja kennen. Carlos und Sonja verliebten sich, heirateten. Für ihn war die Ehe der Quantensprung in die Legalität: Er lernte Deutsch im Integrationskurs, bekam ein paar offizielle Putzstellen, sodass er jetzt auf einem 400-Euro-Job krankenversichert ist. Und ein Jahr später wurde Kian geboren, sein Sohn, das Wichtigste, das Carlos auf dieser Welt hat. Seither macht alles Sinn für ihn, auch das Verharren in Deutschland – denn Kian hat hier die besseren Chancen. Er ist versichert und kann in ein paar Jahren kostenlos eine gute Schule besuchen.

„Ich vermisse Ecuador. Und ich würde so gerne dorthin zurück. Aber ich weiß nicht, wie ich dort leben sollte. Den ganzen Tag hart arbeiten und immer gerade genug Geld haben, um das Essen und die Miete bezahlen zu können. Das ist frustrierend", sagt Carlos. Doch frustrierend ist auch sein Leben in Deutschland: Auch hier reicht das Geld nie. 900 bis 1000 Euro im Monat verdient Carlos. Und Sonja, klein, blond und niedlich, lebt von Hartz IV. Sie hat aus einer früheren Beziehung eine kranke Tochter, um die sie sich rund um die Uhr kümmern muss – und den kleinen Kian. Obwohl Carlos und sie sich oft streiten, bleiben sie zusammen. Sie geben sich gegenseitig Halt.

Das Dilemma der meisten Emigranten ist, dass sie es nie schaffen, genügend Geld zurückzulegen, um dauerhaft in ihr Land zurückzukehren – weil sie dort ja ohne Arbeit wären. Die große Hoffnung ist es, genug zu sparen, um irgendwann zu Hause ein Geschäft zu eröffnen. Doch das klappt so gut wie nie. Und die Rückkehr schiebt sich immer weiter auf, Jahre, Jahrzehnte. Obwohl es immer heißt: „Bald!"

Als Carlos in die Calle Rafael Ferrer, seine alte Straße, einfährt, stürmt die Familie aus dem Haus: die Kinder der Tante Paulina, Andrea, Byron, und Daniel. Ihr Mann Patricio und Carlos' Onkel Giovane sowie dessen Sohn João. Und der Großvater. Diego, Carlos' zweiter Bruder, fehlt heute. Er hat gerade Arbeit in der Provinz Esmeraldas gefunden. Außer Giovane und João leben alle in dem bescheidenen Haus der Großeltern. Draußen ist das rhythmische Klatschen von Bällen zu hören, die gegen den Boden oder eine Wand gespielt werden. Der Nachbar hört die „Bohemian Rhapsody" in heavy rotation, drinnen plärrt der Fernseher, und die Boxen der Steroanlage wummern „Boys, Boys, Boys, I'm looking for the good times". Carlos schwärmt: „Das ist hier nicht so wie in Deutschland. Mit Mittagsruhe und so. Hier gibt es das nicht!" Er hat einen ganzen Koffer voller Geschenke mitgebracht – Markenturnschuhe und T-Shirts. Und Digitalfotos, so viele Fotos. „Wie, ihr habt keinen DVD-Player?" schneidet er auf, „wie soll ich euch dann die Filme von Kian zeigen?"

„Cuando vamos a Europa/ en busca de trabajo/ nos humillan/ nos muelen a patadas/ pero si nos siguen echando/ no habrá quien preñe a sus mujeres/ así decía un emigrante."

Euler Granda „Otra de emigrantes"

„Wenn wir nach Europa gehen/ auf der Suche nach Arbeit/ demütigen sie uns/ sie treten uns mit Füßen/ aber wenn sie uns immer weiter verjagen/ wird bald keiner mehr ihre Frauen schwängern/ so sagte es ein Emigrant."

Euler Granda „Noch eines von den Auswanderern" Granda, Jahrgang 1935, ist einer der wichtigsten zeitgenössischen Dichter Lateinamerikas

Juan hängt bewundernd an den Lippen seines kleinen Bruders. „Ich überlege auch die ganze Zeit, ob ich gehen soll. Und wie ich es anstellen würde", sagt er. Juan ist Elektriker, 240 Dollar verdient er im Monat. „Davon gebe ich 30 Dollar an die Großmutter ab. Dann muss ich das Busticket zur Arbeit und das Mittagessen zahlen. Und danach bleibt ein kleiner Rest. Nicht genug, um irgendwann meine Mutter nach Ecuador zu holen. Dabei würde ich alles für sie tun! *Para mi Mamí? Todo!*"

Wenn Carlos auf den Straßen unterwegs ist, grüßen ihn die Leute begeistert, als wäre ein verlorener Sohn heimgekommen. Alle im Viertel kennen sich, Carlos liebt diese Verbundenheit in seiner „*manzana*", seinem Block, die so anders ist als die Anonymität im kühlen Hamburg. Die Nachbarn bleiben stehen, die Jüngeren laden ihn ein, später vorbeizukommen, um einen zu trinken. Carlos ist stolz, seine Haltung cooler, der Gang aufrechter als in Deutschland. Eine winzige Großmutter legt ihm den Arm um die Schulter. „*Buenas tardes, señora*", wünscht er ehrerbietig, einen guten Abend. Wo denn der Sohn sei?, fragt sie. Und die Gattin? Carlos erzählt, wieder einmal, wie schwer es ist, „*muy duro*", das Geld für die Flüge zu sparen. „Ha, dann musst du halt ein paar Kartoffeln pflanzen. Dann kommt schon Geld rein", scherzt die Alte und alle lachen. „Bald kommen wir alle für immer heim!", sagt Carlos. Seine Oma nickt, bestärkend, eifrig, glücklich. „Bald!" sagt sie. Mit Nachdruck.

Am nächsten Tag besucht Carlos seinen Vater, der eine neue Frau hat und zwei Kinder mit ihr. Carlos und Juan wollen ihn überraschen. Sie fahren mit dem Auto an den äußersten Rand von Quito, wo die Riesenstadt in den grünen Hügeln weich ausrollt. Dort ist eine Baustelle. „*Mi feo!*", „mein Hässlicher!", jubelt der Vater, als er Carlos erkennt. Er starrt ihn glücklich und ungläubig an. Ist er es wirklich? Wieder hier? In Quito? Da steht ein Rohbau, innen ist schon einiges fertig, der Vater betreut den Bau des Hauses für den Schwager, der in Sevilla, im fernen Spanien, arbeitet. Er will heimkommen, bald. Das sagt er seit Jahren.

Sie fahren gemeinsam in das Haus des Vaters. Die Straße ist schmal und voller Schlaglöcher, die kleinen Häuser kleben am Berghang, Müll liegt im Morast neben dem Asphalt. Winzig und bitterarm ist das Haus, ein trauriger Ort. Es gibt kein fließendes Wasser, man muss es in großen Kanistern holen. Der kleine Ariel, Carlos' Halbbruder, hat schmutzige Hände und trägt rissige Kleidung, er steht am Fenster. Carlos nimmt ihn auf den Arm. Er ist drei, so alt wie Kian, sein eigener Sohn. „Es ist so schön, dass du wieder zu Hause bist", sagt der Vater.

Zu Hause. Wo ist das? Carlos geht ins Telecafé um die Ecke, wählt die deutsche Vorwahl und seine Nummer in Hamburg. Seine Frau nimmt das Telefon auf. Gut sei alles, sagt er, der Flug sicher, die Familie wohlauf. Und wie es ihr gehe, und seinem Sohn? Kian weint in den Hörer. „Papa, wann kommst du wieder nach Hause?"

„Bald", sagt Carlos, „bald sind wir alle wieder zusammen." Wie ein Mantra sagt er das, wie ein Gebet. □

Verena Lugert, *Autorin, und* **Andri Pol,** *Fotograf, waren bewegt von Carlos' Schicksal und sehr gerührt von der Gastfreundschaft seiner Familie.*

Der Dschungel sorgt für seine Kinder

Die Cofánes leben nach den Sitten ihrer Vorväter mitten im Urwald. Noch können sie selbst entscheiden, wie viel Kontakt mit der Moderne sie wünschen

Text: Verena Lugert
Fotos: Andri Pol

Acht Stunden dauert der anstrengende Fußmarsch nach Chandya Nae, über Wurzeln, durch Schlamm und dichtes Blattwerk

Jaguare sind heilige Tiere für die Cofánes. Dieses Jungtier, von der Mutter im Wald verlassen, ist jetzt Natalis bester Freund

Der Dschungel gibt ihnen Nahrung

Die Hütten sind aus groben Brettern gezimmert und stehen auf Pfählen. Der Abwasch wird mit Flusswasser vor dem Küchenfenster erledigt

Waschen ist Frauenarbeit. Nicht im Traum würde es den Jungen einfallen, beim Schrubben der schmutzigen Kleider zu helfen

Es war vier Uhr am Morgen, als Sebastián, ein Mann vom Stamm der Cofán, seine Hütte verließ. Er nahm das Gewehr vom Haken, schlüpfte in die Gummistiefel, schwang sich lautlos über die Leiter auf den federnden Waldboden und machte sich auf zur Jagd. So früh war es und noch so dunkel, dass der Dschungel wie ein schwarzes Meer war, in das er eintauchte und zum Schatten wurde. Er lief rasch und leichtfüßig, weder stieß er sich an Ästen, noch fiel er über Wurzeln, der Regenwald war ihm wie ein erweitertes Ich, er war eins mit ihm. Und als er weit gelaufen war, in der dumpf-feuchten, zirpenden, raschelnden Dschungelunendlichkeit und ausharren wollte, um auf ein Reh oder einen Tapir zu warten, da hörte er einen dünnen, klagenden Laut neben sich, sodass er zusammenfuhr. Doch was da winzig, gelbschwarz getüpfelt, mit geschlossenen Augen und vollkommen wehrlos neben seinen Füßen lag, war ein Jaguarjunges, ein paar Stunden nur alt, von der Mutter verlassen.

Für die Cofánes, den Amazonas-Stamm in Ecuadors äußerstem Osten, sind Jaguare heilige Tiere. Deshalb

Familiensinn ist wichtig. Auch die Männer kümmern sich rührend um ihre kleinen Kinder

Der Schamane bereitet seine Reise vor: Die Ayahuasca-Liane wird gekocht, bis der Sud die Farbe von Honig hat

Der Dschungel gibt ihnen Antworten

nahm Sebastián den Jaguar mit. Und als er heimkehrte, zu dem windschiefen Häuschen zwischen den beiden Flüssen, gab es zwar kein Fleisch, aber einen Spielkameraden für Natali, Sebastians Nichte. Natali ist fünf, eine Waise – wie der Jaguar.

Chandya Nae heißt das Dorf, in dem Natali lebt und Sebastián, 32, seine Brüder und seine Mutter, ein anderer Bruder mit Frau und sechs Kindern, zwei Schamanen und noch eine Hand voll anderer Familien, 30 Menschen insgesamt. Doch was heißt Dorf? Es gibt den Fluss, an dem die Hütte von Sebastiáns Bruder steht. Es gibt ein von Macheten gemähtes Rechteck, das Fußballfeld der Kinder. Dort steht auch das kleine Schulhaus, Holzdielen auf Stelzen, ein Dach aus Palmblättern. Um die Nachbarn zu besuchen, muss man laufen, über Stock und Stein und Wurzeln, muss Flüsse auf dem Boot queren und ist gut eine halbe Stunde unterwegs, denn alle wohnen weit voneinander entfernt. Alle Häuser sind ähnlich gebaut: Sie stehen auf hölzernen Pfählen, einen bis eineinhalb Meter über der Erde. Manchmal führt eine Leiter, manchmal eine Treppe hinauf – und oft ist auch nur ein Baumstamm an den Eingang gelehnt, in den Keile gehackt sind, die als Stufen dienen. Die Hütten sind aus rohen Holzbrettern gezimmert, manchmal haben sie Zimmer mit Türen, manchmal nur einen Raum. In der Küche ist eine Feuerstelle, in der den ganzen Tag Holzfeuerglut glimmt.

Candya Nae liegt mitten im Urwald. Chandya Nae kennt keine Touristen, es gibt keinen Arzt, es gibt kaum Menschen, die Spanisch sprechen, denn die Cofánes haben ihre eigene Sprache. Es gibt keine Duschen, keine Klos, keine Wasserhähne – es gibt den Fluss. Nach Chandya Nae führt keine Straße. Wer hierher kommen will, muss eine beschwerliche Reise auf sich nehmen: Mit dem Flugzeug von Quito nach Lago Agrio, einer Stadt, die in den sechziger Jahren aus dem Nichts in den Dschungel gesetzt wurde. Dann mit dem Wagen zwei Stunden fahren, bis es keine Straße mehr gibt. Dann die Rucksäcke aufsetzen und zu Fuß durch Hitze und Schlamm, durch Flüsse und Bäche rutschend und schwitzend acht Stunden durch den Urwald marschieren.

Wir waren zu langsam, so langsam, dass wir bei Einbruch der Nacht gerade die Hälfte des Weges zurückgelegt hatten. Zerbeult und zerstochen fielen wir über die Wurzeln, blieben mit den Gummistiefeln im Schlamm stecken, sahen mit unseren Stirnlampen am Kopf immer nur die nächsten zwei Meter, stolperten unseren Führern Sebastián und Aurelio, 36, hinterher und zogen die Schultern hoch, aus Angst vor den Fledermäusen, die in unseren Rücken flatterten. Bis wir schließlich ankamen, erschöpft und verdreckt, die Hängematten aufhängten und in einen nervösen Schlaf fielen, der vom Rasseln und Rauschen, vom Geriesel, Geplätscher, vom Summen, Surren, Zischen, Knirschen, Knistern, Tocken und Tröpfeln des Waldes und dem heiseren Geschrei der Affen untermalt war. Draußen die grollende Schwärze aus ledrigem Blattwerk, sie roch nach Fäulnis, nach feuchtem Holz und warmer Erde, drinnen das Schaben der Kakerlaken über dem Bretterboden. Kalt ist es in der Nacht in Chandya Nae.

Doch dann kam der Morgen, es gab gekochte Bananen und Fisch, ein Bad im klaren Fluss, trockene Wäsche, und mit der Sonne kam die Wärme. Und da war die fröhliche Ruhe der Cofánes. Ihre Zeit, die unendlich zu sein scheint. Es gibt keine Eile, die Menschen sitzen beim Plausch, liegen in der Hängematte, und wiegen die Babys auf dem Schoß. Die Kinder gehen fischen oder spielen. Die Männer hacken Holz, reparieren, was nötig ist an ihren Hütten oder unterhalten sich. Zur Jagd gehen sie selten, ein- oder zweimal nur im Monat. Die meterlangen Blasrohre und die Pfeile, getränkt mit dem Lianengift Curare, benutzen sie nicht mehr, sondern – ganz prosaisch – Gewehre.

Die Frauen bestellen die Gärten. Bananen und Maniok bauen sie an, sie kochen oder bereiten die *chicha*, das Maniokbier – dessen Rezept für Fremde wenig appetitanregend ist: Die Maniokwurzeln werden gekocht und dann von den Frauen gekaut. Mit viel Speichel spucken sie die zerkauten Pflanzenfasern wieder aus, die dabei zugesetzten Enzyme lassen die mit Flusswasser versetzte Masse gären – und der entstehende Alkohol tötet im Wasser enthaltene Keime ab. Die Cofánes trinken nichts anderes als die säuerlich schmeckende *chicha*, selbst die Kinder: Wird ein Säugling abgestillt, bekommt er noch am selben Tag die erste *chicha* eingeschenkt. Alle paar Tage schlagen und wringen und spülen die Frauen die Wäsche am Fluss. Zierlich sind sie, aber stark. Wenn eine Frau ein Kind bekommt, geht sie allein in den Wald, nicht einmal eine Freundin nimmt sie mit. Und kommt wenig später mit dem Neugeborenen zurück.

Das Gemeinschaftsleben ist stark reglementiert, es geht um gegenseitige Achtung und Respekt und vielen Eltern darum, dass ihre Kinder sich nicht von der Stammesgemeinschaft entfernen. Sie sollen Cofánes heiraten, zu Hause bleiben. „Man muss die Regeln kennen und befolgen“, sagt der Schamane, der oberste Hüter der Tradition. Er wohnt im satten Grün, abgelegen, sitzt erhöht auf der Bank in seinem Haus, trägt dicke Ketten aus bunten Glasperlen und Jaguarzähnen um den Hals. Sein Gesicht ist bemalt, an den Armen sind Kräuterbüschel befestigt. Seine Frau knüpft an einem Fischernetz. Sechs Kinder hat sie geboren, 45 Jahre ist sie alt, sieht aber aus wie 60. Anders als Sebastián, der einen Generator hat, mit dem er an manchen Abenden Licht macht oder sogar einen DVD-Player anwirft, hat die Schamanenfamilie keinerlei Zugriff auf Elektrizität. Früher haben sie mit dem Wachs wilder Bienen Stumpenkerzen gerollt, jetzt kaufen sie Paraffinkerzen in Lago Agrio. Der Schamane ist für das Gemeinwohl zuständig – er versucht, in die Zukunft zu sehen, heilt Kranke, sucht die besten Jagdgründe und leistet praktische Lebenshilfe, wenn es innerhalb der Gemeinschaft oder einzelner Familien Probleme gibt.

In fremden Welten sucht der Schamane die Antworten auf drängende Fragen, die Ursachen für Leid und Krankheit und die Lösungen für Probleme, er versetzt sich in Trance und geht auf die Reise. „Ayahuasca“ heißt das Ritual dieser Reise, es ist wie eine Brücke in eine andere Realität. Ayahuasca bedeutet „Seelenranke“, es ist der Name einer Liane, botanisch *Banisteriopis Caapi*. Sie enthält psychoaktive Substanzen, die eine halluzinogene Wirkung entfalten. „Ich koche die Liane in Wasser, bis der Sud die Farbe von Honig hat“, sagt der Schamane, „dann trinke ich ihn.“ Und die Visionen beginnen. Sie können so stark sein, dass man sie nicht mehr erträgt. „Schlimmes kann man sehen, den Tiger, die Boa oder den eigenen Tod. Jeder Rausch ist anders, man kann ihn nie vorher einschätzen.“ Wird die Vision zu stark, peitschen die Dorfbewohner den Reisenden mit einem Dornenbündel ins Bewusstsein zurück.

Doch nicht immer ist die Vision so grauenvoll. „Wunderschön kann die Reise sein. So, dass man meint, alles zu begreifen. Als würde man eins werden mit dem Wald, als gäbe er Antworten auf alle Fragen.“ Aurelio, der Dolmetscher, übersetzt die Worte des Schamanen. Aurelio will nie wieder Ayuhuasca trinken – zu schrecklich war sein Trip in den finsteren Teil seinen Bewusstseins, der Ausflug in seinen inneren Urwald. Alle Cofánes, Männer, Frauen, Kinder, begeben sich mindestens einmal im Leben auf diese Reise, sie ist Teil ihres Daseins, führt zu den Antworten, den ganz großen und den winzig kleinen, die jeder sucht in seinem Leben.

Heute machen sich Sebastián und der Schamane bereit. Der Schamane hat sich eine bunte Vogelfeder durch ein Loch in seiner Nasenwand gezogen. Er riecht an dem Ayahuasca-Sud, atmet rhythmisch ein, er trinkt, atmet aus, Sebastián trinkt, der Schamane beginnt zu singen, er schüttelt ein Blätterbündel, taucht es ins Ayahuasca, wiegt sich vor und zurück. Die Flammen flackern, die Kinder sehen mit großen Augen zu, der Gesang wird lauter und schneller.

Aurelio schwenkt glühendes Baumharz, es duftet wie Weihrauch. „Damit die bösen Geister den Reisenden nicht zu nahe kommen“, sagt er. Der Schamane beginnt mit schleppender Stimme von seiner Vision zu berichten: „Die Tapire kommen, es sind wunderschöne Farben, da ist ein junger Mann, er geht durch den Wald. Der Jaguar macht sich bereit, er schreitet neben dem Jüngling, sie sehen, dass die Bäume besessen sind, überall sind böse Geister. Die Bäume blühen, doch darin rollt sich die Schlange zusammen.“ Der Schamane bricht plötzlich ab. Er sei müde, sagt er.

Gemeinschaftsarbeit: Mit Macheten wird der Rasen des Fußballfeldes gemäht

Am nächsten Tag, bei einer anderen Familie. Durch das Haus zieht der würzige Geruch von Holzfeuer, die Hühner gackern durch die Küche. An der Tür zum Zimmer der Töchter hängt ein Poster von „Lux“-Seife. An die Holzwand sind Vögel gemalt. Die Mutter knüpft an einer Tasche aus den Fasern des Ameisenbaums, ganz zart ist das Gewebe, aus winzigen Maschen. Drei Tage dauert es, bis eine solche sehr reißfeste Tasche fertig ist. Einmal im Monat geht die Familie nach Lago Agrio. Dort verkaufen sie die Taschen, fünf Dollar das Stück.

Wofür brauchen sie das Geld, wo doch der Wald für sie sorgt, ihnen all das gibt, was sie zum Leben brauchen? Bananen, Fische, Wasser, Heilpflanzen, Holz und Palmdächer. Von dem Geld, das sie mit ihren Handarbeiten verdienen, kaufen sie Kleider, Kerzen, Salz, Seife, Zucker, Reis. Und Handys. Obwohl es in Chandya Nae kein

Netz gibt, haben alle Männer ein Handy. Es ist Statussymbol, Spielzeug und Uhr in einem, Sebastián schaltet immer wieder das seine ein und aus, weil er die Melodie so mag, die dabei zu hören ist. Und kürzlich hat er, durch Zufall, zwei Marschstunden vom Dorf einen Punkt gefunden, an dem das Handy Empfang hat. Er liegt auf einem Hügel, man muss den Arm ausstrecken und ein wenig suchen, bis das Signal greift. Auch wenn Sebastián eigentlich niemanden kennt, den er anrufen könnte.

Lourdes lässt sich von ihrer Mutter schminken. Die rote Farbe der Achiote-Frucht hält drei oder vier Tage auf der Haut

Keiner aus Chandya Nae will in die Stadt ziehen, zu sehr lieben die Cofánes das unabhängige Leben im Wald, fühlen sich als Teil dieses riesigen Organismus aus Fluß, Erde, Pflanzen, Tieren und Menschen. 950 Cofánes gibt es noch in Ecuador, die in kleinen Kommunen wie Chandya Nae leben. Vielen von ihnen haben Angst vor der Stadt, die immer näher kommt, vor den Straßen, die in den Urwald gebaut werden. Noch bedeuten acht Stunden Fußmarsch die Freiheit, selbst zu wählen, wann man mit der Stadt in Kontakt tritt und wann nicht.

Lourdes ist 13, still, in sich gekehrt, mit wachen und neugierigen Augen verfolgt sie das Gespräch. Sie würde gerne auf das Colegio gehen, die weiterführende Schule in der Stadt, doch das kostet Geld, 20 Dollar im Monat für Unterricht, Kost und Logis. So viel kann die Familie nicht aufbringen. Noch nie war einer aus Chandya Nae auf dem Colegio – selbst der Lehrer, der den Kindern Spanisch beibringt, lesen, schreiben und rechnen, hat nur die Grundschule besucht. Sein Traum wäre es, sagt Lourdes' Vater, dass die Kinder auf die höhere Schule gingen, aber ihre Kultur nicht vergäßen und zurückkehrten, nach Chandya Nae. Der Vater fände es auch gut, wenn Lago Agrio schneller erreichbar wäre. Manchmal helfen Naturmedizin und Schamanismus nicht – und ein Tagesmarsch durch den Dschungel kann einen Notfall tödlich werden lassen.

Doch ihm ist klar, dass die Straße, wenn sie sich erst einmal durch den Wald zu seinem Dorf gewunden hat, nicht nur die Vorteile, sondern auch den Fluch der Moderne bringt. Die meisten Straßen im ecuadorianischen Oriente werden von Erdölkonzernen gebaut, die neue Förderquellen erschließen wollen. Seit das schwarze Gold in den sechziger Jahren im Urwald gefunden wurde, haben sich große Flächen in apokalyptische Landschaften verwandelt – die Böden verseucht, die Bäume gefällt, die Tiere verendet. Das Risiko, an Krebs zu sterben, ist in Lago Agrio viermal höher als in Quito. Aus den im Einklang mit sich selbst und der Natur lebenden Eingeborenen sind dort, wo Öl gefördert wird, sich selbst entfremdete Menschen geworden. In der stinkenden, schwitzigen Kunststadt Lago Agrio blüht die Prostitution, Alkoholiker wanken mit glasigem Blick durch die Straßen.

Auf der Flucht vor dieser Moderne ziehen viele Stämme sich immer weiter in den Urwald zurück, doch auch die Bagger, Bulldozer und Pipelines stoßen immer weiter vor. Ein einziger Stamm hat sich – soviel man weiß – bis jetzt erfolgreich jeglichem Kontakt verschlossen: die kriegerischen Tagaeri. Man weiß nicht viel über diesen Stamm, weder wie viele es sind, noch, wie sie leben. Denn wer sich ihnen nähert, stirbt, wird mit Lanzen erstochen, egal ob Weißer oder Indio. Die Tagaeri haben die totale Isolation gewählt. Sie negieren die Moderne, verzichten auf Strom, Penicillin und Operationen. Wenn sie sterbenskrank werden, dann sterben sie.

Auch der kleine Jaguar hätte nicht überlebt, wenn Sebastián nicht in den Lauf der Natur eingegriffen hätte. Jetzt wächst er heran, größer als eine Hauskatze ist er bereits, und die mächtigen Tatzen zeigen sein Potenzial. Sebastián ist bekümmert, er wird ihn nicht mehr lange behalten können. Bald wird das Raubtier die Hühner holen, und dann zur tödlichen Gefahr für die Menschen – nach Löwe und Tiger ist der Jaguar die drittgrößte Raubkatze der Welt. So lange er ihn noch tragen kann, wird Sebastian ihn wohl in die Stadt mitnehmen und verkaufen, an einen Zirkus vielleicht, oder eine Tierschau, mit der er dann, in einen Käfig gesperrt, über die Jahrmärkte tingelt.

Noch liegt er vor dem Haus, so klein und schon so majestätisch. Die gelben Augen fixieren ein raschelndes Blatt, der Schwanz wippt nervös, die Muskeln spannen sich. Natali sitzt neben ihm und schaut ihren Freunden zu, die unter dem lodernden Tropenhimmel über die Wiese rennen. Wie ein Plüschtier zieht sie ihren Jaguar an den Pfoten hoch, drückt ihn an sich, versenkt ihr Gesicht in sein Fell. Der Jaguar schnurrt. □

MERIAN | INFO

Multi-Kulti am Äquator

Im Vielvölkerstaat Ecuador versuchen alle Stämme, ihre Sprache und ihre Traditionen zu bewahren

Ecuador ist ein multiethnisches Land – die Bevölkerung besteht zu 36 Prozent aus Eingeborenen (Indígenas), zu 42 Prozent aus Mischlingen (Mestizen) – und zu 22 Prozent aus Weißen und schwarzen Abkömmlingen afrikanischer Sklaven. Die Indígenas entstammen einer Vielzahl kulturell und sprachlich unterschiedlicher Gruppierungen. Die Statistiken darüber, wie viele Angehörige der einzelnen Volksgruppen es (noch) gibt, wiedersprechen sich erheblich. Die wichtigsten Stämme sind:

Quechua: Rund 500 000 Quechua verschiedener Stämme leben im Andenhochland. Sie eint die gemeinsame Sprache, Quechua, die in Bolivien und Peru – nicht aber in Ecuador – zweite Amtssprache ist. Man erkennt die Quechua an farbenfrohen Röcken und Ponchos, vielreihigen Ketten aus Glasperlen sowie den Filzhüten. Die Quechua sind Nachfahren der einst von den Inka unterworfenen Hochlandvölker, sie glauben an „Pachamama", die Mutter Erde. Ihren Lebensunterhalt verdienen sie in Kleinstlandwirtschaften, als Dienstmädchen oder Tagelöhner – und durch den Verkauf von Kunsthandwerk. Besonders erfolgreich im Handel mit Woll- und Webartikeln sind die Otovalos – sie haben einen gewissen Wohlstand erreicht und mischen aktiv im politischen und wirtschaftlichen Leben Ecuadors mit.

Tsáchilas: Etwa 2500 Tsáchilas leben an der Küste. Sie werden wegen ihrer rot gefärbten Haartracht und der auffälligen Körperbemalung auch als *colorados,* „Bunte", bezeichnet. Die helmartigen Frisuren entstehen durch das Einfärben der Haare mit dem Saft der Achiote-Frucht. Beliebtes Fotomotiv ist der traditionelle, blauweiß gestreifte Hosenrock der Tsáchilas. Die Tsáchilas praktizieren den Schamanismus.

Shuar/Achuar: Etwa 70 000 Shuar und rund 500 Achuar leben im südlichen Amazonastiefland Ecuadors, nahe der Grenze zu Peru. Die beiden Stämme ähneln sich in ihren kulturellen Eigenheiten und gehören zu den kulturgeschichtlich ältesten Stämmen Südamerikas. Auffälligstes Merkmal sind die kunstvollen Ornamentzeichnungen, mit denen Männer und Frauen ihre Gesichter schminken. Die Männer leben polygam. Sie tragen die Haare lang und zu wichtigen Anlässen eine schwarz-rot-goldene Federkrone. Beide Stämme praktizieren Schamanismus und schrumpften bis vor etwa 150 Jahren die Köpfe ihrer Feinde. Seit ihrer Missionierung schrumpfen sie nur noch die Köpfe von Faultieren.

Cofánes und Siona-Secoyas: Die Sprachen der etwa 900 Cofánes und der 1000 Siona-Secoyas entspringen einer gemeinsamen Sprachfamilie, dem Tukano. Traditionell kleiden sich die Männer mit ärmel- und kragenlosen Baumwoll-Tuniken und bei besonderen Gelegenheiten wird der traditionelle Kopfschmuck, eine bunte Federkrone, aufgesetzt. Die Frauen sind mit langärmeligen Blusen und Röcken bekleidet und tragen Ketten aus bunten Samen. Die Ketten der Schamanen zieren Tukanschnäbel und Raubtierzähne.

Huaorani: 1500 bis 2000 Huaorani leben im Osten Ecuadors. Sie können weder kultur- noch sprachgeschichtlich einer größeren Gruppe zugeordnet werden. Die Huaorani sind durch zwei Massaker an Missionaren 1956 und 1987 in die Schlagzeilen geraten, sie gelten als besonders kriegerisch. Außer dem Stamm der Tagaeri, der sich selbst vollkommen isoliert hat und immer noch nomadisch lebt, wohnen fast alle Huaorani in größeren Ansiedlungen an breiten Flüssen. Wenn auf Fotos halbnackte Eingeborene in Lendenschürzen gezeigt werden, sind es fast immer Huaorani. Auch sie praktizieren Schamanismus und Polygamie.

Wie Riesenschlangen mäandern Flüsse durch den Regenwald. In der Trockenzeit bilden sich dort, wo das Wasser langsamer fließt, große Sandbänke

Gäste, die Gutes tun

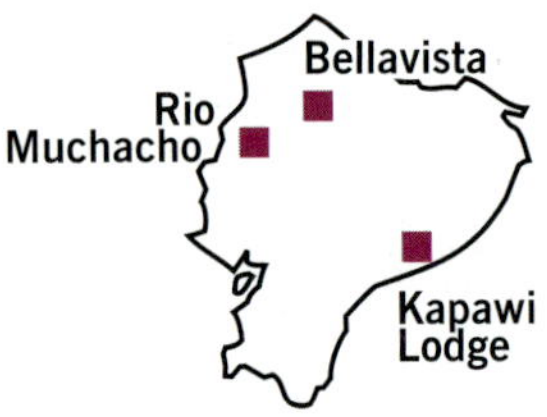

Mit den Begriffen **„Öko-Tourismus" und „sozial verantwortliches Reisen"** wird nicht nur in Ecuador viel Schindluder getrieben. Es gibt aber auch Ausnahmen. MERIAN hat drei wirklich vorbildliche Projekte besucht: die Urwald-Lodge Kapawi, das Nebelwald-Reservat Bellavista und die Öko-Farm Rio Muchacho, auf denen mehr getan wird, als Wasser zu recyclen, Müll zu trennen und Strom aus Solarzellen zu generieren. Dort lernt der Gast, der fremden Kultur und Natur respektvoll zu begegnen. Und er begreift, dass bewusstes Reisen nicht nur bildet, sondern zu Demut erzieht.

Text: Anja Haegele

In der Urwald-Lodge KAPAWI lädt der Stamm der Achuar Touristen in seine Welt ein – mit Folklore hat das glücklicherweise nichts zu tun

In Celestinos Welt muss man Fallen bauen können, aus drei Stöckchen, ein paar Blättern und einer Liane. In Celestinos Welt muss man Frösche fangen können, blitzschnell und mit hartem Griff. In Celestinos Welt muss man Häuser errichten können, ohne einen einzigen Nagel zu verwenden – aus Stamm und Blättern einer Palme. Man muss Hunderte von Pflanzen kennen, mit dem Blasrohrpfeil aus 40 Meter Entfernung einen turnenden Affen treffen und barfuß durch den Dschungel laufen. In Celestinos Welt hätte der durchschnittliche Europäer keine Chance zu überleben.

Celestino, 31, der eigentlich Owakai heißt, gehört zum Stamm der Achuar, die ganz im Osten des Landes am Río Pastaza, im Grenzgebiet zu Peru leben. Rund 5000 Achuar gibt es, in 64 Gemeinden, auf einem Territorium von mehr als 5000 Quadratkilometern verteilt. Anfang der siebziger Jahre hatten die Achuar noch keine nennenswerten Kontakte zur Welt außerhalb des Amazonas-Dschungels. Die ersten Missionare erreichten die Dörfer ein paar Jahre vor Owakais Geburt. Sie tauften Celestino auf seinen himmlischen Zweitnamen, brachten ihm Spanisch bei und überzeugten seinen Vater, der Junge sei intelligent, er müsse in die Stadt, zur Schule, Abitur machen.

Anschließend kehrte Celestino zurück nach Kusutkau, in sein winziges Dorf im Dschungel. Er hätte gern studiert, doch dann wurde sein Bruder von einer Schlange gebissen, das Bein musste amputiert werden, 2500 Dollar kostete die Operation. Celestino nahm einen Kredit auf. Das war 1993, im selben Jahr, als Carlos Pérez Pedrasso, einer der bedeutendsten ecuadorianischen Journalisten und Gründer der Tageszeitung *El Universo* die „Kapawi-Lodge" gründete: 20 Hütten für bis zu 50 Gäste, in der traditionellen Bauweise der Achuar, oval, aus Palmholz, mit Blätterdächern, zwölf Tagesmärsche oder 48 Motorkanu-Stunden von der nächsten Stadt entfernt. 4200 Dollar Grundstücksmiete gehen pro Monat an die Achuar-Organisation NAE, außerdem zehn Dollar Besuchergeld pro Gast. Bis zum Jahr 2011, das ist der Plan, soll die Lodge komplett den Achuar übergeben werden. Bis dahin müssten sie einen kompetenten Manager aus ihrem Kreis benennen. Im Moment sind 70 Prozent der Angestellten Achuar, einer davon ist Celestino, der Guide. Für ein paar Tage jeweils zeigt er den Gästen seine berauschend schöne, ihnen völlig fremde Welt.

Mit einer winzigen Cessna reisen die Touristen an, 50 Minuten Flugzeit von Coca, über endlos scheinendes grünes Dschungelmeer, durch das braun und träge die Zuflüsse des Amazonas mäandern. In der Lodge hat jede Gruppe zwei Führer, einen Ecuadorianer, der Englisch spricht, und einen Achuar, der sie lehrt, dass der Dschungel für sein Volk „Supermarkt, Baumarkt und Apotheke zugleich ist".

Die Gruppe marschiert im Gänsemarsch durch den Wald. Celestino geht voraus, er hat sein langes, schwarzes Haar mit einem bunten Stirnband gebändigt, das flächige Gesicht mit den hohen Wangenknochen und breiten Nasenlöchern ist schwarz tätowiert, mit Rauten, Strichen und Punkten. Mit einer riesigen Machete schlägt er den Weg frei, hört alles, sieht alles, riecht alles und erklärt alles: den süßlich-kotigen Geruch, den vorbeiziehende Affen hinterlassen haben, das Geräusch eines Wespennests, das streng getaktet klingt wie ein Metronom, und all die Früchte, Kräuter und Pflanzen, die dem Menschen nützlich sind. Zum Beispiel die „laufende Palme", die Wurzeln hat wie Beine, mit denen sie ihren Standort, dem Licht folgend, bis zu zwei Meter im Jahr verlagern kann. Die Achuar-Frauen nutzen die groben Stacheln ihrer Wurzeln, um Maniok oder Kokosnuss zu reiben. Aus den Blättern einer anderen Palme werden reißfeste Fasern geknüpft, und die Wedel einer dritten Art dienen zum Dachdecken.

„Achuar", erklärt Celestino, bedeutet wörtlich übersetzt „Palm-Menschen" und ja, es stimme, sagt er, ohne die Palmen könne sein Volk nicht überleben. Vor allem nicht ohne die Sorte „Palmíl", deren Holz stark genug ist, um Häuser und Möbel zu bauen. Und auch das Blasrohr. Die Achuar benutzen es noch zur Jagd. Aus ganz praktischen Gründen sind sie nicht auf Gewehre umgestiegen: „Das Blasrohr ist leise, damit kann ich drei oder vier Tiere erlegen. Mit dem Gewehr nur eines, denn nach dem Schuss sind alle anderen geflohen", sagt Celestino.

Ob man selbst mit einem Blasrohr treffen würde? „Ausprobieren", findet Celestino und führt seine Gruppe in das Dorf Ishpingo. Alle Gemeinden, die an der Lodge beteiligt sind, werden reihum besucht, was zur Folge hat, dass jedes Dorf höchstens zweimal im Jahr fünf bis zehn Touristen für ein paar Stunden, einen ganzen Tag oder, wenn die Gäste sehr mutig sind, auch über Nacht empfängt. Die Regeln sind streng: Fotos, aber auch allzu schamlose Blicke sind untersagt. Der Gruß *winjahai*, der vorher geübt wird, gehört genau wie *maketai*, Dankeschön, zur Etikette. Und an der *chicha*, dem Maniokbier, das serviert wird, muss jeder Gast zumindest nippen. Alles andere wäre grob unhöflich, obwohl es die meisten Touristen vor Ekel schüttelt, weil sie wissen, dass sie ein Gebräu aus vorgekauten, eingespeichelten und später fermentierten Maniokwurzeln trinken.

Celestino zeigt, wie man die Palmblätter flechten muss, um ein Dach zu bauen

20 Hütten direkt am Fluss – das ist die Kapawi-Lodge

Eitrig-gelb schwappt die Flüssigkeit in der Schale, es riecht säuerlich – aber zwei, drei Schluck Ekel sind ein fairer Preis dafür, dass all die Peinlichkeiten erspart bleiben, die Touristen dort erleben, wo Eingeborene von der Folklore leben. In Kapawi wird weder gebettelt, noch treten die Kinder an, um für ein paar Dollars zu singen oder zu tanzen. Nur wer ausdrücklich nachfragt, bekommt Handarbeiten zu sehen, die zum festgelegten Spottpreis verkauft werden – entwürdigendes Handeln um ein paar Cent ist also nicht nötig. Weitgehend läuft ein Besuch im Achuar-Dorf so ab wie ein Besuch bei Verwandten in Europa. Man sitzt zusammen und unterhält sich. „Sie dürfen alles fragen, und sei es noch so persönlich", hat Celestino angekündigt, „aber wundern Sie sich nicht, wenn ähnlich intime Gegenfragen kommen."

Denn für die Achuar ist die Tatsache, dass eine 36-jährige Deutsche keine Kinder hat, mindestens so bizarr wie es für die Besucherin der Brauch der Achuar ist, ihre Toten im Haus, und zwar unter den Betten der noch Lebenden, zu bestatten. Oder die Angewohnheit, das gesamte Dorf jeden Tag um halb vier Uhr morgens zu versammeln, um Wayusa-Tee zu trinken, ein Brechmittel, damit sich anschließend alle gemeinsam übergeben. Körperliche Reinigung eben – alles klar?

Zwei Stunden lang folgt Frage auf Gegenfrage, es geht um Traditionen, Alltagsprobleme und Legenden. Und es ist, ganz ehrlich, nicht einfach, 30 neugierigen Dschungelbewohnern zu erklären, was ein Kreuzfahrtschiff ist oder gar eine Meerjungfrau.

Nach dem Gespräch dürfen die Weißen die Blasrohre ausprobieren. Das faustgroße Gefäß mit dem Pfeilgift Curare, das unter der Decke hängt, haben sie schon eine ganze Weile mit neugierigem Schauer betrachtet. Santiago, der Dorfchef, zeigt, wie das Blasrohr funktioniert: Er zielt auf eine Banane, die 40 Meter entfernt an einem Baum hängt – und trifft natürlich. Dann stellt er nur zehn Meter entfernt eine riesige Papaya auf einen Baumstumpf. Keiner der Weißen trifft auch nur annähernd. Die Kinder klopfen sich vor Lachen auf die Schenkel, den Erwachsenen gelingt es kaum, das Kichern zu verbergen.

Auf der Fahrt zurück in die Lodge erzählt Celestino, dass es nur noch ein paar Monate dauert, bis er seinen Kredit abbezahlt hat. Vom Studium träumt er immer noch, und vielleicht kann er es sich ja bald leisten, trotz dreier Kinder, die er mittlerweile versorgen muss. Öko-Tourismus würde er studieren, am liebsten per Fernkurs, den die Universität Quito anbietet. Dann könnte er weiter als Guide arbeiten und endlich Englisch lernen. Womöglich ist er dann ein Kandidat für den Managerposten von Kapawi.

(E 5) Kapawi-Lodge Tel. (04) 228 08 80 www.kapawi.com, 3 Nächte ab 545 € inkl. Vollpension, Ausflügen, Equipment und Flug ab/bis Quito

Im Nebelwald-Reservat BELLAVISTA ist noch jeder Gast zum Vogelfanatiker geworden

Es erinnert an das Kinderspiel „Ich sehe was, das du nicht siehst!" Hier aber spielen acht Erwachsene, morgens um halb sieben, die Sonne ist gerade aufgegangen. „Da in dem kleinen Ast, zwischen den beiden großen", flüstert Iris, die Naturführerin. „Ein Grüner!" Und da, „Ein Roter! In dem kleineren Baum, rechts!" Dumm nur, dass da rechts mindestens fünf kleinere Bäume sind.

Ein Morgenspaziergang mit Vogelbeobachtern im Nebelwald ist ein sehr spezieller Spaß. Denn die Vögel sitzen in hohen, dicht belaubten Bäumen. Ohne Fernglas beobachtet, sehen alle irgendwie grau aus. Und sie mit dem Fernglas zu finden, ist nicht so einfach. Umso größer die Freude, wenn doch ein Piepmatz vor die Optik kommt: Tatsächlich, es gibt knatschgrüne, knallrote und azurblaue. Sich Namen zu merken, scheint aussichtslos, denn in den Nebelwäldern des Choco, nordwestlich von Quito, leben rund 330 Vogelarten. Es gibt dicke Bücher voller Namen und Zeichnungen, in denen passionierte Birdwatcher ankreuzen, welche sie gesehen haben.

Viele dieser Birdwatcher kommen in die Bellavista-Lodge, um tage-, ja wochenlang nichts anderes zu tun als Vögel zu beobachten, denn hier im Tandayapa-Tal gibt es ganz besonders viele. 1991 hat der Brite Richard Parson 55 Hektar dieses Landes gekauft, ein wenig Urwald stand noch darauf, große Flächen jedoch waren gerodet worden. Das fand Parson jammerschade, er hatte sich in den Nebelwald verliebt, wollte ihn wieder aufforsten. Inzwischen ist sein privates Reservat, das er mit Hilfe von Freunden zusammengekauft hat, 700 Hektar groß und fast überall dicht bewaldet.

Seit 1995 refinanziert Parson das Reservat und eine biologische Forschungsstation mit Hilfe von Touristen: Er hat auf 2300 Metern über dem Meer eine Lodge aus Bambus bauen lassen, einfach, aber wunderschön gelegen. Wenn nicht gerade der typische Nebel über den Bergen liegt, sieht man von der Terrasse aus die Rückseite des Vulkans Pichincha. Neben der Terrasse tummeln sich hunderte Kolibris, bunt und schillernd, die schönsten haben weiße Federbällchen an den Füßen, wie kleine Moonboots sehen sie aus. Die Kolibris brummen wie dicke Hummeln um die roten Futterblumen, wie bunte Clowns streiten sie sich, in der Luft stehend, und schlecken, einmal am Ziel, mit ihren blitzschnellen Zünglein den Nektar auf. Ja, Kolibris saugen nicht, sie schlecken, indem sie die Zunge aus den Schnäbeln herausstoßen.

Dreimal am Tag werden Wanderungen angeboten, auf 18 verschiedenen Pfaden, die 20 Prozent des Reservats erschließen. Man sieht Bambuswäld-

Schöner Blick: Von der Bellavista-Terrasse über den Nebelwald auf die Rückseite des Vulkans Pichincha

chen, in denen der Boden so weich ist, als sei er gefedert. Bäume voller Orchideen, riesige Bromelien, wunderliche Moose und bis zu 20 Meter hohe Farne. Iris, die Führerin, weiß zu jeder Pflanze eine Geschichte.

Sie mahnt jetzt zur Stille, Tukane seien in der Nähe. „Zuerst hört man das Klappern der großen Schnäbel, dann die langsamen Flügelschläge." Lauschend steigt die Gruppe bergauf. Plötzlich lösen sich aus einer Baumkrone ein paar Blätter. Acht Ferngläser wandern vors Gesicht. Und da sind sie: Vier Bergtukane mit leuchtend blauer Brust und schwarz-weiß-rotem Schnabel. Sie fliegen zwei Baumkronen weiter, sitzen, fressen, hüpfen von Ast zu Ast, fressen wieder, fliegen eine Baumkrone weiter.

Zwei Stunden lang verfolgen die Touristen jede Bewegung der großen Vögel. Und in einem winzigen Bestimmungsheftchen, das es in der Lodge zu kaufen gibt, machen sie abends die ersten Kreuze, diskutieren, was sie denn nun alles gesehen haben: Bergtukane, Kolibris, was noch? Zu ärgerlich, dass keiner bei den Namen aufgepasst hat. Und: wirklich erstaunlich, dass man innerhalb eines Tages zum Vogelfanatiker werden kann.

(C 2) Bellavista Tel. (02) 223 23 13
www.bellavistacloudforest.com
2 Nächte ab 110 €, inkl. Vollpension Wanderungen und Transfer ab/bis Quito

Auf der Öko-Farm RIO MUCHACHO jäten selbst echte Gartenmuffel begeistert Unkraut

Don Darío stürzt ein brennender Haufen Blätter in eine mittlere Depression. Das Schlimme ist, dass in Ecuador ständig irgendwo ein Haufen Blätter brennt. Oft erkennen Reisende ein nahes Dorf nicht etwa am Ortsschild, sondern an den Rauchsäulen brennender Blätterhaufen. In der ecuadorianischen Landwirtschaft hat sich der feste Glaube durchgesetzt, dass Pflanzenabfälle verbrannt werden müssen. Gegen diesen Glauben kämpft der 54-jährige Don Darío. Seit 18 Jahren betreibt er eine ökologische Farm im tropischen Küstenwald, nördlich von Canoa. Seit zwölf Jahren tragen Touristen dazu bei, dass Río Muchacho wirtschaftlich arbeitet – was Don Darío ermöglicht, auf breiterer Front zu kämpfen.

„Es ist kompletter Unsinn, Pflanzenabfälle zu verbrennen", sagt er. Unsere Böden sind extrem nährstoffarm – wir müssen sie ständig füttern. Aber wozu Kunstdünger, wenn wir doch Pflanzenabfälle ausstreuen können? Und den Mist der Tiere. Auf Don Daríos Farm gibt es Kühe, Schweine, Hühner und Pferde nur aus einem einzigen Grund: Sie machen Mist! Niemals würde der strenge Veganer ein Tier schlachten – aber ihre Exkremente sammelt er ein, vergärt sie in Tanks und bringt sie als natürlichen Dünger auf seine Felder.

Paprika, Bohnen, vier Sorten Basilikum, Ingwer, Kakao, Chili, Tomaten, Yukka und Kohl – gegen die landesweit üblichen Monokulturen setzt Don Darío Multikultur. Rund um die Beete stehen Blumen, „die verwirren die Schädlinge", sagt er. Und so schräg das alles klingt – es funktioniert.

Dank Don Daríos faszinierender Ausstrahlung graben Urlauber seine Beete um, misten aus – und bezahlen noch dafür! Dafür, dass der Chef sie am zweiten Tag des Urlaubs in seine Öko-Schule führt und ihnen zeigt,

Urlauber beim Unkrautjäten im Garten von Río Muchacho

wie er den Kindern der Region sein Lebenskonzept vermittelt: „Jedes Kind muss zehn Bäume im Jahr pflanzen. Und zwar aus den Samen der Früchte, die es gegessen hat. Um die Bäume zu ernähren, muss es außerdem einen Kuhfladen mitbringen." Klingt wirklich einfach, wenn Don Darío es sagt.

Später am Tag, nach der Gartenarbeit, basteln die Urlauber mit Tagua-Nüssen und lernen, wie man aus Kakaobohnen Schokolade macht. Am dritten Tag wird ausgeritten und Unkraut gejätet und ausgemistet. Don Darío sagt, es sei noch keiner abgereist, ohne zu beteuern, wie gut er sich erholt habe. Am ersten Abend, als man halbtot ins Bett sank, hätte man geschworen, dass er lügt. Am dritten Abend, zur Abreise aber beteuert man selbst: „Selten habe ich mich in drei Tagen so gut erholt! Bis zum nächsten Mal, Don Darío!" ☐

(B 3) **Rio Muchacho** Tel. (05) 269 11 07 www.riomuchacho.com, 2 Nächte ab 70 €, inkl. Vollpension, Programm und Transfer ab/bis Bahía de Caráquez

MERIAN | INFO Öko-Lodges

(C 3) **Black Sheep Inn**
3200 Meter über dem Meer liegt das Bed & Breakfast von Michelle Kirby und Andres Hammerman. Die beiden US-Amerikaner sind Idealisten, in ihrem Betrieb läuft alles nach streng ökologischen Regeln: die Küche vegetarisch, für die Bauern gibt es Kurse in nachhaltiger Landwirtschaft und Englisch. Die Touristen lieben es, weil die Gastgeber so herzlich, die Speisen so lecker und die Wanderungen zur Laguna Quilotoa so schön sind.
**Tel. (03) 281 45 87
ab 17 € pro Nacht
inkl. Halbpension**

(D 3) **Cabanas San Isidro**
1200 ha privates Naturschutzgebiet gehören zu San Isidro – das Reservat ist auch deshalb so groß, weil ein Viertel der Einnahmen aus dem Tourismus in den Ankauf neuer Ländereien fließen. Birdwatcher, Botaniker und Tierfreunde schätzen das Reservat wegen der kundigen Naturführungen und seines Artenreichtums (Vögel, Affen, Bären und Bergtapire).
**Tel. (02) 254 74 03
cabanasanisidro.com
ab 58 € pro Nacht
inkl. Vollpension**

(C 2) **El Monte**
Weit weg vom Rest der Welt: Nach „El Monte" kommt man nur mit einer handbetriebenen Seilbahn. Die zur Lodge gehörenden Hütten liegen direkt am kristallklaren Río Mindo. Der Nebelwald dieser Region ist Heimat von über 400 Vogelarten, besonders oft sind Tukane, Quetzals und Kolibris zu sehen. Das Klima auf 1300 Höhenmetern ist mild, Besucher können in einem kleinen Wasserfall baden und mit Gummireifen über das Wasser des Río Mindo raften.
**Tel. (02) 255 88 81
www.ecuadorcloudforest.com, 2 Tage ab 59 €, inkl. Vollpension, Programm**

(C 2) **Hacienda Primavera**
Seit mehr als 90 Jahren ist die Hacienda in Familienbesitz, ein schmuckes Anwesen mit rotem Ziegeldach und Holzveranden. Das Essen stammt vorwiegend aus eigener biologischer Landwirtschaft, es gibt einen großen Pferdestall, außerdem Lamas, Rinder, Esel, Ziegen und Schweine. Zum Haus gehören acht mit kolonialen Möbeln eingerichtete Gästesuiten, der Service ist entsprechend individuell. Besucher können wandern und Reitausflüge machen oder – wenn sie möchten – auf der Farm mithelfen.
**Tel. (09) 784 84 07
www.haciendaprimavera.com, ab 57 € pro Nacht, inkl. Vollpension und Programm**

(E 3) **Napo Wildlife Center**
Der Yasuní-Nationalpark ist mit fast einer Million Hektar der größte in Ecuador und seit 1989 ein UNESCO-Biosphären-Reservat. Das Wildlife-Center gehört inzwischen zu 100 Prozent der dort ansässigen Añangu-Gemeinschaft, die Gewinne fließen in die Erhaltung des Regenwalds. Besondere Attraktion – neben der überwältigenden Tier- und Pflanzenwelt – ist ein 37 Meter hoher Turm, von dem aus das Leben in den Baumkronen bestens beobachtet werden kann. Außerdem wurden Aussichtsplattformen in der Nähe von „clay-lick"-Plätzen der Papageien angelegt. An diesen besonders mineralhaltigen Böden fressen die Vögel das Erdreich – die darin enthaltenen Stoffe brauchen sie, um toxische Nüsse und Blätter im Magen zu neutralisieren. Ein unvergessliches Spektakel, wenn sich morgens bei Sonnenaufgang tausende krächzender Papageien, Loros und Macaws auf wenigen Quadratmetern sammeln.
**Tel. (02) 255 63 48
www.napowildlifecenter.com, 4 Tage ab 527 € inkl. Vollpension Trinkwasser, Ausflüge und Transfer ab/bis Quito**

(C 3) **Tierra del Volcán**
Drei Haciendas rund um den Cotopaxi gelegen, perfekt für das Höhentraining. Ein Ritt mit den indianischen Cowboys ist ein großartiges Erlebnis im unwirtlichen Hochland. Mit einem fest gewebten Wollponcho und dicken Lederüberhosen aus Lamafell gegen den schneidenden Wind geschützt, reitet man an einem bezaubernden Blütenteppich vorbei: Himmelblaue Sterne des Anden-Enzians leuchten zwischen weißen, gelben und winzigen roten Blüten am Boden, das Bild komplettieren blühende Lupinen und hartlaubige Chuquiraga-Büsche mit orange leuchtenden Blüten.
**Tel. (02) 223 18 06
www.volcanoland.com
ab 48 € pro Nacht, inkl. Halbpension, Programm**

(D 3) **Yachana Lodge**
„Yachana" heißt „Ein Platz zum Lernen" – das beschreibt das Hauptziel der Regenwald-Lodge, deren Gewinne in eine Schule für Öko-Tourismus fließen, die indigene Natur-Guides ausbildet.
**Tel. (02) 252 37 77
www.yachana.com
4 Tage ab 370 €, inkl. Vollpension, Ausflüge und Transfer ab/bis Coca**

Äquator mal zwei: am Denkmal (oben) und auf dem Grundstück von Fabian Vera (rechts)

DIE ROTE LINIE

Kampf um die Mitte der Welt: Mit Totempfählen und Satelliten will Fabian Vera beweisen, dass sie auf seinem Acker liegt

Text: Roland Schulz

Er hat die Linie rot gestrichen, ein schmaler Streifen Farbe auf grauem Stein. Er steht genau auf dem roten Strich, breitbeinig, seiner Sache sicher. Er hebt seine rechte Hand, sagt: „Norden." Er hebt seine linke Hand, sagt: „Süden." Seine Hände deuten auf die Linie zwischen seinen Füßen, die die Welt in Nord und Süd teilt, in zwei Hemisphären und in seinem Fall auch in zwei Wahrheiten – geografische Breite 00 Grad 00 Minuten 00 Sekunden, der Äquator. „Die Mitte der Welt", sagt Fabian Vera.

Er ist ein fülliger Mann mit grauem Bart, Direktor des Museums „Intiñan", für ihn genau auf der Mitte der Welt gelegen. „So wie es nur eine Sonne gibt", sagt Fabian Vera, „so gibt es nur eine Mitte der Welt. Und sie liegt hier." Abschätzig deutet er Richtung Süden. „Da drüben haben sie doch nur ein Denkmal aufgestellt." Dort liegt hinter einer Mauer noch eine Linie, noch ein Äquator, auch dort ist er rot gestrichen. Darüber erhebt sich ein Monolith, der den stolzen Titel „Mitad del Mundo" trägt, Mitte der Welt – das offizielle Äquator-Denkmal Ecuadors. „Lüge", sagt Vera.

Es war im Jahr 1975, als Fabian Vera auf die Idee kam, sein Museum zu eröffnen. Sein Vater Humberto hatte Jahre seines Lebens darauf verwandt, Legenden der Ureinwohner Ecuadors zu studieren: Die Quitus-Cara, älter noch als die Inka, hätten einen besonderen Platz als den Nabel der Welt erkannt, an dem sie die Tag-und-Nacht-Gleichen feierten, wenn am Äquator die Sonne senkrecht steht und alle Schatten verschwinden. 1970 war sich Humberto Vera sicher, diesen Platz gefunden zu haben: nahe der Hauptstadt Quito, keine 250 Meter von der Stelle entfernt, an der im Jahre 1736 eine französische Expedition erstmals offiziell den Äquator ortete. Humberto Vera kaufte das Grundstück; sein Sohn Fabian machte daraus ein Museum. Er stellte in alten Hütten Schrumpfköpfe und ausgestopfte Schlangen aus, malte seinen Äquator rot, lud Touristen ein, seine Mitte der Welt zu besuchen. Zu jener Zeit stand dort, wo die Franzosen den Äquator fanden, nur ein kleiner Obelisk. Erst 1982 wurde das neue Denkmal errichtet. Seither gibt es die Mitte der Welt zweimal.

Schnell wurde das offizielle Denkmal in Reiseführern beworben. Vera bemühte sich, zu beweisen, dass allein sein Museum direkt auf dem Äquator liegt: Er prüfte seine Position mit Sextanten. Er rammte Totempfähle in die Erde, um zu zeigen, dass sie zur Tag-und-Nacht-Gleiche keine Schatten werfen. Er ließ Wünschelrutengänger kommen. Mit jeder Probe wuchs seine Sicherheit, er allein besäße die wahre Mitte der Welt. Und mit jeder Probe erweiterte er das Museum: Vera schlug Nägel in die Spitze eines auf seiner Linie stehenden Pfeilers, auf ihren Köpfen lässt er rohe Eier balancieren, um die geringere Schwerkraft am Äquator zu zeigen. Mit einer Baby-Badewanne zeigt er, dass Wasser nördlich seiner Linie in einem Strudel gegen den Uhrzeigersinn abläuft, südlich davon im Uhrzeigersinn. Bald tauchte auch sein Museum in Reiseführern auf. Doch das war Fabian Vera nicht genug. Er wollte seine Wahrheit anerkannt wissen. Es gab Streit. Vera ließ die Position seiner Mitte der Welt mit Satelliten vermessen, GPS, er hoffte, der Beweis werde unbestreitbar sein. Es war vergebens.

Die offiziellen Stellen akzeptieren den Beweis nicht. Stattdessen wurde eine Mauer zwischen die zwei Mitten der Welt gezogen – jene Mauer, die Fabian Vera nun jeden Tag vor Augen hat, wenn er sich auf seine rote Linie stellt, Nord und Süd zeigt, seinen Äquator präsentiert. Doch die Mauer hat ihn nur bestärkt: „Ich gebe nicht auf. Ich mache weiter, bis alle wissen, dass hier der wahre Äquator liegt." □

MERIAN | INFO

Das „Mitad del Mundo"-Denkmal und das Museum „Intiñan" liegen rund 25 Kilometer nördlich von Quito.

(C 2) **San Antonio de Pichincha**
tgl. 9.30-18 Uhr, 2,10 €
www.museointinan.com.ec

Traumfrauen –
Göttinnen der Kinoleinwand.
Tiefgründig, leidenschaftlich und faszinierend schön. Die von der SZ-Kinoredaktion zusammengestellten Filme sind so begehrenswert wie ihre Hauptdarstellerinnen: Grace Kelly, Greta Garbo, Audrey Hepburn, Michelle Pfeiffer und viele andere. Im Handel für nur 9,90 Euro pro DVD (UVP). Oder bestellen Sie alle 28 Filme für nur 196,– Euro und sparen dabei über 80,– Euro unter www.sz-shop.de.
Alfred Hitchcock
Über den Dächern von Nizza
mit Grace Kelly
13
Großes Kino. Sammeln.
www.sz-shop.de
Süddeutsche Zeitung Cinemathek

Weißer Sand: Die Bucht von Mompiche gilt als eine der schönsten des Landes

Tausend Kilometer und jeden Tag ein kleines Paradies

Ecuadors Küste ist (noch) ein Geheimtipp, Terra Incognita des Massentourismus. Wie Perlen an einer Kette reiht sich ein Traumstrand an den anderen – gefühlte Karibik am Pazifik

Text: Karin Ceballos-Betancur
Fotos: Christoph Otto

Fetter Brocken: Der Fischmarkt von Puerto López findet jeden Morgen direkt am Strand statt

Karges Land: Tropischer Trockenwald an der Punta Ballena

Wasser so blau wie der Himmel

Leichte Beute: Im fischreichen Rio Chone ist immer ein Brocken für die Pelikane übrig

Viel Geduld: Die Surfer von Canoa warten sehnsuchtsvoll auf die großen Wellen

Wie ein Fanal lodern die Flammen über den Schornsteinen der Raffinerie von Esmeraldas im Nordwesten Ecuadors am Ausgangspunkt der Reise. Als wären sie das Startsignal für einen Trip entlang der Pazifikküste, von Norden nach Süden, von oben nach unten, fast 1000 Kilometer mit Vierradantrieb auf einer schmalen Schneise zwischen grünen Hügeln und dunkelblauem Wasser, durch das unbekannte Ecuador. Bisher verirren sich nur wenige ausländische Besucher an die Strände des Landes, was damit zu tun haben mag, dass die Straßen, die zu ihnen führen, sehr oft Schlammschlaglochpisten gleichen. Viele Dörfer, all die Holzhütten mit der aufgemalten Werbung längst entschiedener Wahlen am Rande der Route, sind bisher auf keiner Landkarte verzeichnet. Behutsam und nachhaltig soll die Küste jetzt für den Tourismus erschlossen werden. Bis es soweit ist, wartet am Ende jeder holperigen Tagesreise mindestens ein kleines Paradies.

Kilometer 000

Atacames*

Eine staubige Uferpromenade säumt das Meer. Bambushütten mit Palmendächern, Salsa und Reggae, Ladenlokale und Bars, die „Tsunami" heißen, Zöpfchenflechter, Temporary Tattoos, Sonnenbrillen, natürlich, und – ja, auch das – dein Name auf einem Reiskorn. Wer den Strand betritt, wird von Händlern belagert, die mit laminierten Ausflugsbroschüren wedeln. Sonnenliegen, Bananenboote, Volleyballfelder. Mopedtaxis verstopfen die löchrigen Gassen der Innenstadt.

Elf Männer und sieben Frauen konnten sich retten, als im Jahr 1533 ein spanisches Schiff mit afrikanischen Sklaven an Bord vor Atacames Schiffbruch erlitt. 70 Jahre lang erwehrten sie sich als Guerilla-Gruppe den Angriffen indianischer Einwohner und spanischer Conquistadores. Es heißt, dass sich die *morenos,* die farbigen Ecuadorianer, diesem Erbe bis heute verpflichtet fühlen. Und sie prägen das Bild dieses Landstrichs, nicht nur in Atacames. So vollständig fehlen indigene Gesichtszüge im Nordwesten, dass Ecuador hier wie ein verirrter karibischer Satellit wirkt.

An der Zufahrtsstraße zum Strand von Atacames steht die Skulptur einer skurrilen Figurengruppe: ein Schwarzer, der gut gelaunt eine Angelschnur über die Reeling wirft, hinter ihm im Kahn ein Mann und ein Kind mit gringoesken Zügen. Wir sitzen alle im selben Boot?

(* die Kilometerangaben entsprechen dem Tachometerstand des Wagens der Autorin, und nicht den Kilometern der Küstenstraße)

Lagunen so grün wie der Wald

Gesunder Brunnen: Dem schwefelhaltigen Wasser von Agua Blanca werden heilende Kräfte zugesprochen

Kilometer 056

Muisne

El Niño hat in der Region gewütet, *el fenómeno*, sagen sie, das Phänomen. Stürme haben Teile der Fahrbahn weggerissen, die seitdem weder erneuert noch beschildert worden ist. Wo Erdrutsche die Straße auf eine Spur verengen, wuchert Unkraut am Rande des Abgrunds. In Muisne kündet ein ambitionierter Grünstreifen mit Laternen von besseren Tagen, die der Ort gesehen haben muss. Man sagt, dass es hier wunderbare Strände gibt. Mein Blick wandert über das braune Mangrovendickicht auf der anderen Seite des Flusses, über tote Tankstellen, Müll und Schlamm. Ich will weg. Dann tritt Arcadio ans Auto. Er sagt: „Komm mit, ich bring dich zum Strand."

Arcadio behauptet, 40 Jahre alt zu sein und ledig. Wahrscheinlich ist er eher 55 und achtfacher Vater, aber das macht nichts. Sein brauner Kahn zuckelt vorüber an Mangroven, zwischen denen Männer nach Muscheln wühlen. Reiher ziehen an unansehnlichen Shrimp-Farmen vorbei. Es riecht nicht gut. Ich überlege, was ich Arcadio über den Kopf ziehen könnte, sollte er hinter der nächsten Kurve versuchen, über mich herzufallen. Dann öffnet sich der Fluss zum Meer. Auf der linken Seite erscheint der riesige, zimtzuckerweiße Strand der Isla Bonita wie eine Fatamorgana. Wir legen an. Einsiedlerkrebse jagen unseren Schritten voraus, mit denen wir einsame Spuren hinterlassen. Kein Haus, kein Mensch in Sicht. Ein schmaler Streifen weißer Brandung trennt den grauen Himmel vom Sand. „Kaum jemand kommt hierher", sagt Arcadio, „das ist schade. Schreib darüber, schreib wie schön es hier ist." Das ist es.

Kilometer 121

Salima

Die Abfahrt nach Mompiche habe ich verpasst, bin viel zu weit nach Süden gefahren, bis nach Salima. Die Abfahrt ist, das muss man sagen, unglaublich schlecht ausgeschildert, genau genommen sogar gar nicht. Zwei Jungs, denen ich auf meinem Irrweg an einer Tankstelle begegne, fahren mir unaufgefordert im Kleintransporter voraus, setzen den Warnblinker an der Stelle, an der ich abbiegen muss, um zurück nach Mompiche zu kommen, weisen armrudernd die Richtung und winken, ehe sie weiterfahren. Ich weiß nicht, welche Farbe die Engel in Ecuador haben, aber es gibt sie.

Kilometer 155

Mompiche

Die Sandpiste kurvt um einen Hügel, ehe der Panoramablick durch die Hecken bricht. Die untergehende Sonne gleißt am Horizont auf dem Wasser, davor das dunkle Grün der Pflanzen, die Silhouetten der Berge gefiltert in diesigen Schattierungen. Einer der zahllosen Momente dieser Reise, die einen Reflex im rechten Bein auslösen, der den Wagen zum Stillstand bringt, ein heiseres Wow! auf die Lippen und einen warmen Schauer der Dankbarkeit durch den ganzen Körper schickt.

Die Jugend des Dorfs stellt das Fußballspiel ein, Kneipengespräche verstummen und der Abend bekommt Schluckauf in Mompiche, wenn ein fremdes Fahrzeug am Ortseingang auftaucht. Ob die Halbwüchsigen ihr Haar absichtlich in filzigen Dreadlocks tragen, bleibt ungewiss. Es gibt keine Shops, nur *tiendas*, Ladenminiaturen mit Dosen, Nudeln und ein paar Rollen Klopapier. Der Sand in den Straßen zwingt zum langsamen, gedehnten Gang und schluckt alle Geräusche. Am Strand liegen mehr Fischerboote als Surfbretter, entspannte Einsamkeit. Wenn ein Ort auf dieser Welt bleibt, an dem man Hippie sein kann, ohne dass es augenblicklich zur Pose gefriert, dann dieser.

Bei José am Strand kosten zwei Lobster zwölf Dollar, frisch gegrillt. Vor seinem Balkon lenken Kinder Fahrräder durch den nassen dunklen Sand. José vertreibt eine Henne, die sich auf einen der Esstische verirrt hat, während sein Sohn Küken wie Tennisbälle in die Luft wirft, die im Fall mit panischem Flügelschlag nach Halt suchen.

Ein Internetcafé?

„Gibt's hier nicht", sagt José, „wir sind im Dschungel, meine Liebe. Möchtest du ein Bier?"

Und die Fotos von seinen Söhnen, wie sie ihre sandschwarzen Füße von den schweren weißen Terrassenstüh-

Lässiges Leben: Im Szenestädtchen Montañita ist die Küste am coolsten

len baumeln lassen, während der orangerote Sonnenuntergang auf ihren Kinderwangen glänzt, wohin kann ich die schicken?

„Wir haben keine Adresse", sagt José, „wir sind im Dschungel, mein Herz. Bring sie mit, wenn du das nächste Mal hier bist."

Die Nacht, schwarz wie selten, ist Meeresrauschen.

Kilometer 185
wieder in Salima

Hinter Salima teilt sich die Straße. Der Weg wird zum Camel-Trophy-Parcours, mit knietiefen Schlaglöchern, durch saftige grüne Wälder, die kaum genießen kann, wer sie am Steuer passieren muss, weil die Strecke alles an Aufmerksamkeit absorbiert. Der Boden spritzt, die Achsen ächzen.

Über Feldwege, durch kniehohes Gras kommen Kinder in Schuluniformen zur Straße gelaufen, stehen verschlafen an Bushaltestellen, marschieren die Landstraße entlang, halten sich auf den Ladeflächen von Pick-Ups, im kalten Fahrtwind des Morgens.

Kilometer 242
Pedernales

Ärmlich und betriebsam liegt die Stadt am Hang. Am Strand die üblichen Hütten aus Bambus, Schaukeln, die von Dachbalken hängen, und Plastikstühle. Dazu der Einheitsmedley aus Reggae, Salsa, Merengue und Motorradtaxis. Ein paar Leute haben aus Süßwasserduschen in Verschlägen eine Geschäftsidee entwickelt. Müllwagen fahren vorüber. Die Männer stehen hüfthoch im Abfall auf der Ladefläche. Man muss nicht in Pedernales halten. Es sei denn, man braucht dringend ein Internetcafé (was nicht heißt, dass die Verbindung funktioniert, wenn man sie braucht).

Wenige Kilometer weiter südlich plötzlich ein gelbweißer Streifen auf der Straße. Auf einem Schild steht: Äquator. Einfach so. Zurückhaltender als kreuzende Kälber. Wer hat, der hat. Es gibt viel Äquator in Ecuador.

Kilometer 263
La Cabulla

Das Nest am Straßenrand zählt 80 Einwohner. Zwei Männer sitzen unter einem Baum, einer von ihnen winkt mich zu sich. „Willst du unseren Strand sehen? Komm, ich zeig ihn dir." Ich lasse den Wagen an der Hauptstraße stehen, froh um ein paar Meter Fußweg. Wir laufen die schiefen Treppen zum Strand hinunter.

Unten am Wasser flicken Fischer ihre Netze, sortieren den Fang. Die meisten Einwohner von La Cabulla sind Fischer. Wer nicht mehr fischt, hat es früher getan. „Das Tier hier sieht lustig aus, komm, fotografier' mich mit dem. Und jetzt noch ein Bild von den Langusten, ja? Gefällt's dir bei uns?" Ein Arbeitsstrand, nicht zum Sonnen gesäubert, und dabei so viel einladender als die aufgeräumte Ödnis der Stadtstrände.

Eine Mutter kommt mit ihrer kleinen Tochter den Hang herunter und lächelt mich freundlich an, wie einen Gast in ihrem Wohnzimmer, ganz so, als habe sie mich erwartet.

Kilometer 349
Canoa

Am Abend sitzt die übergewichtige Familie des Restauranteigentümers um den Fernseher und schaut eine Telenovela. Ich betrete das Lokal, nehme Platz, warte, eine lange Weile, bis der Vater unwillig aufsteht, mir schwerfällig die Menükarte rüberschiebt und mich dann wieder minutenlang vergisst, ehe er zurückschlurft, um die Bestellung aufzunehmen. Dann schiebt er den Zettel seiner Frau zu, wie einen Schwarzen Peter. Nur die Tochter darf sitzen bleiben. Bald wird sie alt genug sein, um einzuspringen. Die Szene wirkt nicht unfreundlich. Eher so, als sei man bei Freunden am Sonntag zur „Tatort"-Zeit zu Besuch gekommen, würde nun stumm auf den herangezogenen Sessel verwiesen und mit einer Schüssel Chips auf den Knien ruhig gestellt.

Canoa ist Mompiche für Fortgeschrittene, weniger versunken, dafür ein paar Zentimeter über der Wirklichkeit schwebend, ein Ort wie eine Tüte Gras am späten Nachmittag, ein Ort für Menschen, die es ruhig, aber nicht hardcore-ruhig wollen. Am Ende der sandigen Hauptstraße, hinter der Apotheke, kleinen Lebensmittelgeschäften und Restaurants, verschwindet der Weg wie ein Rinnsal zwischen den Holzhütten der Einheimischen. Am anderen Ende öffnet sich die Straße zum endlos langen, tiefen Strand, wo die Surfer am Abend Capoeira üben oder auf den letzten Wellen in den Sonnenuntergang reiten. Wenn es dunkel ist, leuchten in den Hütten am Hang die Glühbirnen wie dicke Sterne.

Kilometer 373

San Vicente

Eine Beton-Kirche aus den siebziger Jahren, geschmückt mit Mosaiken aus bunten Fliesen, aber sie sind es nicht, die die Aufmerksamkeit vom Gebet ablenken. Es ist der Blick, den in der Kirche von San Vicente keine Wand verstellt. Nur ein weiß lackiertes Metallgitter zerschneidet die Sicht auf das Delta des Rio Chone, weit über den Altar hinaus. Vor 40 Jahren noch war der Fluss hier 30 Meter tief, gesäumt von dichten Mangrovenwäldern, Heimat von mehr als 60 Vogelarten. Dann wurden die Mangroven abgeholzt, um Platz für die Shrimp-Farmen zu schaffen. Die Vögel sind selten geworden, und der Sand, der früher im Wurzelgeflecht der Mangroven hängen blieb, verstopft heute den Fluss. Die Sandbänke reichen bis in die Mitte des Deltas. Man kann sie sehen, durch die offene Kirchenwand. Die Gläubigen beten: „Und vergib uns unsere Sünden."

Auf der Fähre nach Bahía de Caráquez klopft ein blinder Bettler mit seinem Stock an die Fenster der Autos. Das grüne Meer stinkt unter einem suppigen Himmel. Die Fahrt dauert zehn Minuten, ehe die Ladefläche am anderen Ufer auf den Strand kippt.

Kilometer 374

Bahía de Caráquez

Vor 50 Jahren war der Strand die einzige Verkehrsverbindung zwischen Bahía und Manta, ein verwittertes Stück Mauer der Schutz, hinter dem sich Autofahrer vor der Flut in Sicherheit brachten, wenn das Wasser sie unterwegs überraschte.

Heute spazieren junge Freiwillige den Strand entlang, die für Wochen und Monate aus dem Ausland kommen und dafür bezahlen, dass sie helfen dürfen, Bahías Status als Öko-City zu erhalten. Den Titel hat sich die Stadt selbst verliehen. Die selbstgesetzten Auflagen sind schwammig und wirken banal im internationalen Vergleich – ein bisschen Mülltrennung, ein bisschen Verkehrsberuhigung, ein bisschen Andere-Welt-ist-möglich. Aber auch: Mangrovenaufforstung.

Die Isla Corazón in der Flussmündung des Río Chone glich früher aus der Luft betrachtet einem Herz, was ihr den Namen gab. Seit ihr ursprünglicher Mangrovenbestand wiederhergestellt ist, ist zwar das Herz verschwunden, dafür verliebt und paart sich Jahr für Jahr Ecuadors größte Kolonie von Fregattvögeln in den Baumkronen der Insel.

In einer Barkasse gleiten wir lautlos auf olivgrünem Wasser durch einen Tunnel zwischen den Bäumen. Männer aus dem Dorf bieten diese Touren seit ein paar Monaten an, unbeholfen noch und sehr schüchtern. „Die Insel", sagt Julio, der in meinem Rücken sitzt und paddelt, aussteigt, schiebt und dabei bis über die Knie im braunen Schlamm versinkt, wo Wurzeln in die Fahrrinne ragen, „die Insel ist unser Zuhause, unser Kapital. Wenn sie kaputt geht, müssen wir gehen, deshalb pflegen wir

Bester Freund: Hoch zu Ross kommt man im Dschungel von Mompiche besser voran als mit dem Auto

sie." Fregattvögel knattern balzend am Himmel, blähen ihre Hälse zu roten Ballons und fliegen so tief über unser Boot, dass man das Rascheln ihrer Federn hören kann.

Kilometer 550

zwischen Bahía und Manta

In den Bergen, hinter einer Wolke, wird das Land plötzlich karg, braune Hügel und aschgraue Baumgerippe, die bestürzen, solange man nicht weiß, dass kein Feuer die Umgebung verwüstet hat. Drei Monate lang regnet es im trockenen tropischen Regenwald, und alles wird grün. In der neun Monate währenden Dürrezeit werfen die Bäume ihre Blätter ab, um Wasser zu sparen. Wie nackte Clowns stehen die mächtigen Ceibos dann auf ihren dornigen Stämmen in der Erde, fuchteln reglos mit ihren Astarmen. Es braucht Zeit, um sich an diese Programmänderung zu gewöhnen, von dem üppigen Regenwaldgrün der vergangenen Tage auf Grauschattierungen umzuschalten.

Kilometer 563

Pacoche

Es gibt nicht viele Straßenschilder in Ecuador.

Kilometer 585

San Marianito

Vor der Schule spielen Schüler unter Beteiligung eines schwarz gescheckten Schweins Fußball, bis das Schwein quiekend das Spielfeld verlässt und schmollt.

Kilometer 598

Pacoche

Pacoche?? Mist.

Kilometer 685

Playa de los Frailes

Die Bucht im Nationalpark Machalilla ist der Strand, von dem viele sagen, er sei der schönste im Land. Der Weg vom Parkplatz führt durch ein kurzes Stück Dünen, dann breitet sich der Strand im weichen Bogen aus. Weißer Schaum und schwarzbeiger Sand, direkt dahinter das aschfahle, fast violette Gestrüpp des Trockenregenwalds. Zwei Amerikaner spielen Frisbee im Wasser. Es ist wunderschön. Aber nach mehr als 600 Kilometern entlang der ecuadorianischen Küste gerät der Enthusiasmus zur Gewohnheit. Wie ein ernst gemeintes Lächeln, das irgendwann anfängt, im Kiefer zu ziehen. Wie Schokolade, die nach der fünften Tafel an Geschmack verliert, so zahllos sind die Orte, an denen man aussteigen und bleiben könnte. Buchten, die zufällig und menschenleer am Straßenrand liegen. Perlen einer Kette, die kein Ende nimmt.

Kilometer 698

Puerto López

Wer aufs Meer fährt, um die Buckelwale zu sehen, muss schwarze Schollen auf dem Wasser als Rücken deuten lernen. Dann staunt er, ahnt nicht, dass er noch nichts gesehen hat. Erst wenn die Wale im Wasser halbe Purzelbäume schlagen, ihre riesigen Schwanzflossen aus der blaugrauen Oberfläche strecken, die später auf Bildern aussehen werden wie schwarze Schmetterlingsflügel, wenn sie beim Abtauchen mit Schlägen aufs Wasser dicke Tropfen spritzen, erst dann versteht man, warum es sich lohnt, einen Vormittag lang dem kalten Wind an Deck zu trotzen.

Meeresbiologen an Bord dokumentieren die gesichteten Schwanzflossen fotografisch, um Bestand und Wanderbewegungen der Wale zu untersuchen. In ihrer Form, Größe und Pigmentierung sind sie so einmalig wie menschliche Fingerabdrücke. Schöner nur.

Am Strand von Puerto López schaukeln Pelikane auf dem Wasser, schnappen nach Fischresten, die in sichtbaren Klumpen den Hals hinunterrutschen, während die Fischer auf ihren Booten in emaillierten Töpfen Essen kochen.

Kilometer 742

La Entrada

Benito hat sein Handwerk in Paris gelernt, er war Chefpâtissier im Hilton in Quito, und vor ein paar Jahren hatte er keine Lust mehr auf den Stress, den die Arbeit in einem Luxushotel mit sich bringt. Er kehrte zurück nach La Entrada und eröffnete eine Dorfbäckerei. Vor seinem Haus, wo Hühner am Rande der Landstraße im Staub picken, backt Benito weißes Brot und *medialunas,* süße Croissants. Die Hühner und ihre Eier braucht er für sein Hobby. Ebenso wie die zwei Meter hohe Kühltruhe mit der Glasfront, die absurd wirkt in seiner winzigen

Buckelwale so nah wie selten

Schöner Rücken: 7000 Kilometer schwimmen die Wale jeden Sommer aus der Antarktis bis in die Bucht von Puerto López

Enge Netze: Die Fischer von Puerto López arbeiten frühmorgens am menschenleeren Strand

Fische so frisch wie der Tag

Hütte. Darin stapeln sich Sachertorte, Schwarzwälder Kirsch, Buttercreme, Zitronen- und Maracuja-Tarte. Er serviert sie auf einem Pappdeckel, ich sitze auf seinem winzigen Balkon, es schmeckt nach Paris, und Benito grinst mich an: „Hättest nicht gedacht, dass du so was Gutes hier bekommst, oder? Mitten im Nichts?“ Stimmt.

Kilometer 755

Montañita

Lukas, 31, Argentinier, verkauft Leinenfummel, die seine Freundin entwirft, näht und batikt. Er lebt seit sechs Jahren in Montañita und sagt, dass es ein guter Ort zum Leben sei. Einer, an dem die Menschen in den Straßen mehr schlurfen als anderswo, aber vielleicht kommt einem das auch nur so vor. Hippiepärchen kauern auf Treppenabsätzen, rauchend, trinkend. Ein junger Mann löst Surfer, Surfbretter und Wale mit einer Laubsäge aus einer dünnen Scheibe Balsaholz. Dein Name auf einer Tagua-Nuss, immerhin. Frauen in losen Klamotten, mit Bändern im Haar, Fußkettchen am Bein und Tätowierungen irgendwo schieben Kinderwagen durch die Strandwege. Die Frau vom Tarot-Shop schließt ihren Laden ab, klemmt sich ein Surfbrett unter den Arm und geht zum Strand. Montañita ist lässig, aber es weiß um seine Lässigkeit, das ist das Problem.

Kilometer 836

Salinas

Hochhäuser, Hotels und Apartments verstellen mit ihren breiten Rücken an der Promenade den Blick auf die älteren Gebäude mit hölzernen Jalousien. Tretboote ruhen im Sand wie gestrandete bunte Robben und ein paar Meter weiter bauen Männer kunstvolle Burgen, aber die Nebensaison hält nur wenige Augenpaare bereit, die sie zu würdigen wüssten.

Ecuadorianer schwören auf Salinas. Aus Guayaquil fahren sie am Wochenende herüber, feiern in der zweiten Reihe, in kleinen Clubs hinter den Strandriesen, räkeln sich an den Pools klobiger Hotels und genießen das, was wohl als gutes Leben gilt.

Orte verlieren ihr Gesicht, wenn der Tourismus in Massen einfällt. Der Unterschied zwischen Atacames und Pedernales? Pedernales und Salinas? Die Größe, vielleicht. Stören tut das nur diejenigen, die das Ursprüngliche suchen. Wer täglich gegen dessen Zumutungen kämpft, liebt anscheinend die global konfektionierte Sommerfrische.

Kilometer 974

Guayaquil

Im Seminario-Park lungern beinlange Eidechsen in den Baumkronen, wackeln mit ihren Halslappen, schleichen um die Statue von Simón Bolívar oder räkeln sich im Schatten der Kathedrale. Ein Ruhepunkt inmitten lauten Verkehrs, quirliger Kreuzungen und einer wilden Mischung architektonischer Seinszustände.

Guayaquil, wie es war, lässt sich zu Fuß vermessen. Ein Feuer zerstörte 1896 weite Teile der Stadt, wenig ist übrig geblieben. Wie Jahresringe folgen die Arkaden unterschiedlicher Zeitalter einander in den Straßen von Las Peñas, schmale Gassen winden sich um den Cerro Santa Ana, den Aussichtshügel der Stadt, wo seit ein paar Jahren Galerien wachsen, Bars und Cafés. Im Zentrum der Stadt wuchert der Zentralfriedhof bis an die Bürgersteige der Schnellstraßen.

Guayaquil, wie es heute ist, wird von Sicherheitsdiensten geschützt, die Einkaufszentren und Passagen, der Malecón 2000 mit seinen modernen Stahlkonstruktionen und ordentlich abgegrenzten Unterhaltungsflächen. Wo es sicher ist, fehlt die Seele.

Was zu tun bleibt: Im Supermarkt eine Dose Bier kaufen, sich ans Wasser setzen, dem braunen Rio Guayas beim Fließen zuschauen, die langen Strände vermissen, die zwei Wochen lang selbstverständlich waren, und denken: Morgen tu' ich es wieder, verdammt. Von Süden nach Norden. Von unten nach oben. Und wieder zurück. □

Fotografie Porträt: Monika Zucht
Eines Tages
werde ich es erzählen.
Die packendsten Geschichten der Geschichte. Erzählt von denen, die dabei waren. Wie der Frau, die ihre Heimat verlor und eine neue Welt entdeckte. Ergänzt und kommentiert von denen, die sich vielleicht ganz anders erinnern. Erschaffen Sie mit uns einestages.de – das große Archiv der Berichte, Bilder und verborgenen Schätze aus dem Fundus unseres Erlebens.
einestages.de
Zeitgeschichten auf SPIEGEL ONLINE

Warum nur heißt er **Panamahut?** Schließlich ist der *sombrero de paja toquilla* ein waschechter Ecuadorianer! Denn nur hier wachsen die Palmen, aus deren Blättern der Hut geflochten wird

Text: Karin Ceballos Betancur

Oh, wie schön ist Ecuador

Die Wunde sitzt tief, auch wenn sie eher zufällig geschlagen wurde. Eine nationale Schmach, die für hinterfotzige Fragen bei Quiz-Sendungen taugt, wo die Antwort womöglich 5000 Euro wert wäre: Woher stammt der Panamahut? Wo wird der Panamahut hergestellt? Wer, Herrgottnochmal, produziert den Panamahut schon seit vielen Jahrhunderten? Manchmal ist es gut, einen Telefonjoker in Ecuador zu platzieren.

Zahllose Legenden ranken sich um das Missverständnis, das seinen Anfang im Jahr 1855 genommen haben soll, als die Hutmacher aus Montecristi, der Hauptstadt des *sombrero de paja toquilla*, des Hutes aus dem Stroh der Toquilla-Palme, einer endemischen Art, die nur an der ecuadorianischen Pazifikküste wächst, dem französischen Kaiser Napoleon III. eines ihrer Artefakte schickten. Weil der Hut in Panama eingeschifft wurde, glaubten die Franzosen, es handele sich um ein panamaisches Produkt. Man mag ein Stück historischer Gerechtigkeit darin erkennen, dass Napoleon III. später an Blasensteinen erkrankte.

Einen Monat lang arbeitet ein erfahrener Flechter an einem guten Strohhut

Massenhaft verbreitet wurde das Missverständnis von Goldgräbern, die sich im Hafen von Panama auf dem Weg nach Kalifornien mit geflochtenem Sonnenschutz wappneten. Importiertem Sonnenschutz, wohlgemerkt. Alle aufklärerischen Hoffnungen zunichte machte schließlich US-Präsident Theodore Roosevelt, als er sich mit einem *sombrero fino*, einem besonders feinen Hut, fotografieren ließ. Anlass war der Besuch der Baustelle eines Kanals zwischen Nord- und Südamerika. Eines sehr großen Kanals. Sie wissen schon, wo.

Die Wunde schmerzt, bis heute. Man kann es sich ein bisschen so vorstellen, als hätte Fidel Castro beim Einmarsch der siegreichen Rebellen in Havanna 1959 ein Baguette unter dem Arm getragen und das Stangenweißbrot ginge heute weltweit unter der Bezeichnung „Pan Cubano“ über die Verkaufstresen der Bäckereien.

Wollte man den Stachel im Fleisch des Nationalstolzes geografisch verorten, säße er in Montecristi. Die Kleinstadt bei Manta besteht im Wesentlichen aus zwei Straßen, gesäumt von Hängematten, die im Wind baumeln, und Händlern, die Hüte in allen Farben und Formen anpreisen. Hier und da gehen Show-Flechter ihrer Arbeit nach. Alle drei Monate schneiden sie hier die frischen Palmblätter mit der Machete, immer dann, wenn sie sich gerade öffnen. Mit einem Kamm werden sie gestriegelt und vier Stunden lang in Wasser weich und weiß gekocht. Danach wird das Stroh mit Schwefel geräuchert, in der Sonne getrocknet und geflochten.

Gregorio Quirumbay, der schon vor zwei Jahren behauptet hat, dass er 85 Jahre alt ist, lebt mit Frau, Tochter, Enkeln und Urenkeln in einer Hütte am Rande von Sinchal. Er ist der älteste Flechter des Landes, seine Hüte, an denen er einen Monat lang arbeitet, verkauft er für zehn Dollar das Stück. Er war 16 Jahre alt, als ihm ein Lehrer in der Schule das Flechten beibrachte.

Früher, sagt Don Gregorio, kamen viele Flechter zu ihm, um sich die Hutmitte flechten zu lassen, die *plantilla*, das schwierigste Stück. „Jetzt“, sagt Don Gregorio, „kommt keiner mehr“. Die jungen Leute, sagt er, hätten ihre eigenen Techniken entwickelt. Es klingt nicht so, als halte er viel davon. Vor ein paar Jahren war er bei einer Schau in Guayaquil, um seine Hüte zu zeigen. Er erzählt, dass ein Tourist auf ihn zukam und etwas sagte, in dem das Wort „Panama“ vorkam. „Ich hab gesagt: So, hier sind meine Hüte. Ich habe sie geflochten. Ich bin Ecuadorianer. Da wollen Sie mir ja wohl nicht sagen, dass das Panamahüte sind?“

Vielleicht hätten die Ecuadorianer im Sommer 2006 erwirken sollen, dass Don Gregorio eine Ansprache im Fußballstadion hält, als ihre Nationalelf gegen Deutschland spielte. Statt dessen ließ man 15 000 Strohhüte verteilen. Die Besucher werden sich gefreut haben. Über die Panamahüte von den netten Ecuadorianern. □

GÄRTNERN
Lieblicher Lavendel, schnittige Schwertlilien und stolze Strelitzien
cadeau
174 Seiten, gebunden. Mit vielen Illustrationen
Willst Du ein Leben lang glücklich sein, so schaffe Dir einen Garten.
cadeau

Foto: Tui de Roy

VOM MENSCHEN BEDROHT:

„Kobolde der Finsternis", nannte Charles Darwin die Meerechsen. Sie passten sich ihrem neuen Lebensraum perfekt an: Weil es an Land kaum Gras zu fressen gab, verlegten sie sich als einzige Echsen der Welt auf Meeresalgen als Nahrung. In den Nasengängen bildeten sie spezielle Drüsen, über die sie das mit den Algen aufgenommene Salz in großem Schwall ausprusten

Trügerische Idylle. Die Inseln, die Charles Darwin zu seiner berühmten Theorie inspirierten, sind schon lange nicht mehr die unberührte Spielwiese der Evolution **TEXT: JUTTA VON CAMPENHAUSEN**

GALAPAGOS

Touristen vor Bartolomé: Auf der lebensfeindlichen Insel aus Lava und Asche haben sich bisher nur ein paar Flechten angesiedelt

TRAUMZIEL FÜR BIOLO

„Ich bring dich groß raus, Baby!" Auf Galapagos wird jeder, der eine Kamera halten kann, zum Sielmann

Wie Scherenschnitte wirken die Fregattvögel am Himmel. Nur während der Balz tragen die Männchen den leuchtend roten Kehlsack

GEN UND WELTENBUMMLER

Die Rote Klippenkrabbe macht sich gut auf der schwarzen Lava. Nur die ausgewachsenen Tiere sind rot gefärbt, die Jungen sind – zur Tarnung – schwarz wie die Felsen

Die Passionsblume, die ihren Namen trägt, weil der kreuzförmige Fruchtstand Gläubige an das Leiden Christi erinnerte, ist schön anzusehen. Deshalb wurde sie von Gartenfreunden eingeschleppt

EXPEDITION IN EIN FREMD

Die Landleguane werden wegen ihrer auffälligen Kopfpanzerung auch „Drusenköpfe“ genannt. Auf Santa Cruz waren sie beinahe ausgerottet, von verwilderten Hunden und Katzen totgebissen. Jetzt erholt sich die Population

Riesenschildkröte auf der Insel Isabela. Bis zu 350 Kilogramm wiegen die Tiere und werden bis zu 200 Jahre alt. Seefahrer, die ganze Arten ausrotteten, wussten ihr zartes und gut schmeckendes Fleisch zu schätzen

ARTIGES **TIERREICH**

Anfassen streng verboten – aber nicht zu verhindern: Beim Schnorcheln mit den Seelöwen stupsen vor allem die kleinen Robben die plumpen Taucher an: Komm, spiel mit mir!

Frühe Seefahrer gaben den Tölpeln (englisch Boobies) ihren wenig schmeichelhaften Namen, weil sie so arglos sind. Zur Balz tanzen sie mit ihren blauen Füßen einen tapsigen Tanz

SO EIN BLAUES WUNDERLAND

Der Blick vom Gipfel der Insel Bartolomé auf die Schlackenkegel der Sullivan Bay und den Pinnacle Rock, einen stark erodierten Tuffkegel, ist wohl das meist fotografierte Panorama des Galapagos-Archipels

SIE SIND SCHWERFÄLLIG, UNGESCHICKT UND MANCHMAL NERVTÖTEND LANGSAM, ABER RECHT ZAHM und immer wieder putzig: Touristen in blauen, engen Neoprenanzügen und gelben Plastikflossen, die den heiseren Rufen der jungen Seelöwen folgend unbeholfen ins Wasser watscheln und mitspielen wollen. In rasanten Spiralen umkreisen die eleganten Robben die unförmigen Nacktsäuger mit Brille und Schnorchel. Sie schießen voraus, wenden und warten hinter oder unter den irritierten Schwimmern. Dann streifen sie die begriffsstutzigen Menschen mit der Flosse oder stupsen sie neugierig mit der Schnauze. Nach fünf Minuten geht den Zweibeinern die Puste aus, dann verharren sie verzückt über einer grasenden Wasserschildkröte oder nehmen zwischen Gelbflossen-Doktorfischen ein Bad in der Menge.

Mit Seelöwen zu schwimmen gehört zu den großen Glücksmomenten einer Reise auf die Galapagos-Inseln.

Der Kolumbus-Archipel, wie die Inselgruppe offiziell heißt, liegt 1000 Kilometer vor der Küste Ecuadors mitten im Pazifik. Ihre einzigartige Natur macht die abgeschiedene Inselgruppe zum Sehnsuchtsziel für Naturliebhaber, Vogelkundler und Evolutionsinteressierte. Die ältesten Inseln erhoben sich vor drei Millionen Jahren als Vulkane aus dem Ozean, die jüngsten Krater sind noch aktiv und nur 700 000 Jahre jung. Zum Vergleich: Die Anden falteten sich vor etwa 100 Millionen Jahren auf. Die Besiedlung des neuen, abgeschiedenen Landes im Meer gilt als Musterbeispiel der Evolution. Aus den wenigen Pflanzen und Tieren, die auf Galapagos angespült wurden, entwickelten sich neue Arten, die es nirgendwo sonst auf der Welt gibt. Kakteenbäume und Algen fressende Meerechsen und die Riesenschildkröten sind längst legendär. Blutsaugende Darwinfinken und die einzige nachts jagende Möwe der Welt entdecken die meisten Interessierten erst vor Ort.

Für den Großteil der Tiere ist „entdecken" allerdings das falsche Wort. Die Blaufußtölpel etwa, die mit ihrem stets verdutzten Blick auf den Touristenpfaden latschen, sind nicht zu übersehen. Sie balzen und brüten das ganze Jahr hindurch, sodass der Besucher bei einem Spaziergang etwa über die Insel Seymour stets den ganzen Lebenszyklus der großen Wasservögel sehen kann. Zur Balz führen die heiser flötenden Männchen mit ihren himmelblauen Schwimmfüßen eine Art Zeitlupen-Schuhplattler vor, zu dem sie Schnabel und Flügelspitzen wie Antennen gen Himmel richten. Die Weibchen verfolgen diese Bemühungen mit mäßigem Interesse – aber die Touristenmeute ist hingerissen. Auf dem staubigen Boden sperrt einen Meter weiter ein schneeweißes Flauschküken seinen Schnabel auf, während die Mutter verzweifelt versucht, einen mitgebrachten Fisch in den hungrigen Schlund zu stopfen. Vier Fregattvögel hüpfen mit ihren gewaltigen Schwingen dazwischen und versuchen, die Beute abzujagen. Die grünlich schimmernden imposanten „Piratenvögel" mit den knallroten Balzsäcken vor der Brust fischen nicht etwa selbst, sondern nehmen den ungeschickten Tölpeln die Beute ab.

FRÜHER VERWIRKLICHTEN SICH GESETZTE NATURLIEBHABER EINEN LEBENSTRAUM, INDEM SIE die einzigartigen Tiere, die keine Scheu vor den Menschen kennen, von einem schlichten kleinen Boot aus besuchten und nichts als Fußspuren hinterließen. Sie waren bezaubert von den atemberaubenden Insellandschaften, denn keines der Eilande gleicht dem anderen. Viele sind herbe Schönheiten, lebensfeindlich und schroff; andere sind lieblich und grün. Farbintensiv sind sie alle: Schwarze Lava kontrastiert mit knallroten Matten von Sesuviumpflanzen, die Sandstrände sind je nach Insel rot, weiß, grün oder schwarz, blattlose Balsambäume sind schneeweiß, und die endemischen, also nur hier vorkommenden Miconia-Wäldchen werden von rosa und lila Blütenbüscheln gekrönt.

Heute kommen Pauschaltouristen in gigantischen Kreuzfahrtschiffen, auf den mittlerweile drei Flughäfen des Archipels landen Heerscharen junger Rucksackreisender und Sporturlauber, die zwar auch Landschaft, Pflanzen und Tiere sehen wollen, vor allem aber Tauchkurse, Kletter- und Mountainbike-Touren machen, ausreiten, shoppen und fischen.

Das hat nicht nur Folgen für die Preisentwicklung, weil Galapagos nun mit allen anderen Abenteuerzielen konkurriert. Der moderne Galapagos-Tourist braucht Massage- und Waschsalons, Kneipen, Reitställe, Taxis und Internetcafés – kurz eine gewaltige Infrastruktur, die das fragile Ökosystem gefährlich unter Druck setzt. Vor zwanzig Jahren, als Galapagos noch ein exklusives Reiseziel war, kamen 40 000 Besucher im Jahr in den Naturpark. Mitte der neunziger Jahre waren es 70 000 Gäste – damals empfahl die UNESCO, die Galapagos-Inseln 1978 zum ersten Natur-Welterbe kürte, einen Stopp. Mehr als 80 000 Besucher im Jahr sollten nicht einreisen. Doch innerhalb der letzten zehn Jahre hat sich die Zahl der Touristen noch einmal verdoppelt, geschätzte 140 000 im Jahr sind es jetzt.

Mit den Besucherzahlen wächst auch die Zahl der Einwanderer, die im Tourismusparadies ihr Glück machen wollen. Nur zwei der Inseln haben eigenes Süßwasser, trotzdem sind fünf Inseln bewohnt. Mehr als 20 000 Einwohner sind auf Galapagos gemeldet, und täglich kommen neue, illegale, Zuwanderer dazu. In den letzten vier Jahren hat sich die Zahl der Wohnungen verdoppelt, und längst prägen Indios mit den typischen Anden-Hüten das Bild.

„Was auf Galapagos passiert, nennt man den total unkontrollierten Tourismus," sagt Graham Watkins, Direktor

VERTREIBUNG AUS DEM

Meerechse auf der Müllkippe: In Puerto Ayora, auf der Hauptinsel Santa Cruz, ist vom urtümlichen Reiz des Galapagos-Archipels kaum etwas geblieben

der Charles-Darwin-Forschungsstation (CDRS) auf Santa Cruz, der in Shorts und Schlappen an seinem Laptop sitzt und gerade die letzte Version seines Papiers „Galapagos at Risk“ (Galapagos in Gefahr) online stellt. „Zwar ist alles, was die Besucher im Nationalpark dürfen, streng reglementiert, doch die Explosion der Siedlungen ist eine Folge des Tourismus, die nicht mehr kontrollierbar ist. Wenn das so weitergeht, wird Galapagos in fünf bis zehn Jahren kaputt sein.“

Zersiedelung, Umweltverschmutzung und Überfischung gefährden das Ökosystem; am dramatischsten aber sind die für Laien zunächst unsichtbaren Folgen, die das Einschleppen neuer Arten hat: „Allein auf Santa Cruz haben wir 500 heimische Pflanzenarten und 750 eingeschleppte“, sagt Rachel Atkinson, Botanikerin an der CDRS. „Wir müssen Prioritäten setzen, welche wir zuerst bekämpfen.“ Fast zwei Drittel der endemischen Pflanzen des Archipels stehen mittlerweile auf der Roten Liste bedrohter Arten, weil sie von robusten Festlandpflanzen bedrängt oder von eingeschleppten Tieren gefressen werden.

Auf der Insel Española fraßen verwilderte Ziegen alles Grün, sodass die Schildkröten verhungerten. Heute haben CDRS-Mitarbeiter die Ziegen ausgerottet, die Schildkrötenpopulation erholt sich. Doch die endemischen Feigenkakteen, die auf Galapagos sechs Arten und 14 Unterarten ausgebildet haben und bis zu zwölf Meter hoch werden, wollen nicht wieder wachsen. Jetzt werden in der Station gezüchtete Setzlinge in Käfigen ausgepflanzt und überwacht.

Guaven-, Maracuja- und Chinarindenbäume gelten bereits als hoffnungslos etabliert und verdrängen in den Höhenlagen der Vulkane die endemische Miconia-Vegetation.

Den Kampf gegen die Brombeeren auf der Insel Santiago, auf der in den fünfziger Jahren eine Salzmine lag, könnten die Forscher gewinnen. Jeden Monat verbringen zwei Mitarbeiter der Station zwei Wochen auf der kleinen Insel, um die hartnäckigen Ranken auszumerzen, deren Samen von Vögeln verteilt werden und aus denen innerhalb von sechs Monaten neue, Früchte tragende Pflanzen werden.

DASS SICH DIE INSELN DEM UNWISSENDEN BESUCHER TROTZ DER VERHEERENDEN ÖKOBILANZ als wilde Naturschönheiten präsentieren, ist das Ergebnis harter Arbeit.

Immerhin gibt es noch 15000 der berühmten Riesenschildkröten mit den traurigen Augen und dem stoischen Charakter, von denen seit Ende des 18. Jahrhunderts geschätzte 200000 zur Trangewinnung geschlachtet wurden. Drei Unterarten sind ausgelöscht und eine wird mit ihrem letzten Vertreter, dem legendären 85-jährigen „Lonesome George“ von der Insel Pinta aussterben, die anderen erhält die CDRS am Leben: Schildkröten, die in freier Wildbahn schlüpfen, haben kaum eine Chance, weil eingeschleppte Feuerameisen ihnen den überlebenswichtigen Dottersack abfressen. Deshalb werden die jeweils etwa zehn Eier umfassenden Gelege eingesammelt und in Brutkästen ausgebrütet. Rund sieben Jahre werden die Jungtiere gepäppelt, bis sie auf ihren „Heimatinseln“ ausgesetzt werden.

Unter den 1321 eingeschleppten Arten sind 490 Insekten, von denen viele, wie die Feuerameise, für die Inselbewohner eine fatale Bedrohung darstellen. 97 Prozent der Finkennester auf Santa Cruz sind von der parasitischen Fliege Philornis befallen, deren Larven die Vogelküken anfressen. Jedes dritte betroffene Küken stirbt. Vor allem der Bestand der stark bedrohten Mangrovenfinken auf der Insel Isabela geht deshalb dramatisch zurück.

Eingeschleppte Mücken übertragen neuerdings Gelbfieber sowie die tödlichen Vogelpocken, an denen bereits die ersten Galapagos-Spottdrosseln leiden. Verbreitet werden die Insekten vor allem durch Touristenboote, deren Lichter die Schädlinge nachts von Insel zu Insel mitziehen.

Die wildromantische Fassade des Naturschutzgebiets fällt abrupt, wenn man etwa auf Santa Cruz mit einem der tausend zugelassenen Autos von der Küste ins Hochland fährt. Am Kai, an dem die Touristenboote ankern, liegen Geschäfte, Restaurants, Reisebüros und Discos. In zweiter Reihe gibt es Hotels und Wäschereien, dahinter Läden für Plastikblumentöpfe und Klimaanlagen, schließlich kommen betonierte Spielplätze, Friseursalons und Karaoke-Bars für die „Einheimischen“, Tankstellen, Fußballplätze, Müllkippen, ausgedehnte Viehweiden und Bananenfelder. Sogar Kaffee wird auf Galapagos angebaut. Man sieht Ziegen grasen und Katzen jagen, Ratten laufen über die Straße, und aus dem verschwenderischen Grün leuchten Engelstrompeten und Maracuja-Pflanzen. Nichts davon gehört hierher.

Selbst den Ecuadorianern dämmert, dass die touristische Attraktion des einst unberührten Inselparadieses gefährdet ist. Trotzdem passieren auf dem Archipel immer noch die erstaunlichsten Räuberpistolen.

Im März 2007 versuchten Mitarbeiter des Nationalparks, jene Kajaks von Touristen zu beschlagnahmen, die streng verbotenerweise vor der Insel Baltra paddelten und sogar fischten. Das Militär schritt ein und verprügelte die Parkwächter. Sogar die zur Hilfe eilende Direktorin des Nationalparks musste anschließend ins Krankenhaus eingeliefert werden.

Um ihrer Forderung, die Fangquoten für Seegurken zu erhöhen, Nachdruck zu verleihen, schlachteten Seegurkenfischer acht Riesenschildkröten auf Isabela. Dort hoben Nationalparkwächter auch ein illegales Camp aus, in dem 18788 Seegurken auf Gaskochern schmorten. Immerhin zählten die Behörden genau.

AUF DER TOURISTEN-YACHT „GALAPAGOS ADVENTURE II" STELLTEN RANGER 18 SÄCKE VOLL EINGEKOCHTER SEEGURKEN SICHER, DIE – wie sich etwas später herausstellte – der Familie des ehemaligen Bürgermeisters von Puerto Ayora gehörten. „Dabei spielt die Fischerei mit knapp drei Prozent Anteil für die Wirtschaft auf Galapagos kaum eine Rolle", sagt Graham Watkins in der Charles-Darwin-Forschungsstation: „Sie ist aber – wie mittlerweile fast alles auf Galapagos – ein Politikum." Schließlich wurden die meisten „einheimischen" Fischer in den neunziger Jahren mit dem Versprechen, reichlich Seegurken ernten zu dürfen, als sichere Wähler vom Festland geholt.

Doch noch ist Galapagos nicht verloren. Und was auf den ozeanischen Vulkanen tot aussieht, ist die berühmte Spielwiese der Evolution: Auf dem jungen Vulkankrater der Insel Bartolomé erobern allererste Lavakakteen die unwirtlichen Hänge. Auf Fernandina lungern grauschwarze Meerechsen auf nackten Felsen; ihre kurzen Köpfe wirken vulgär, und ab und zu spucken sie in hohem Bogen Salz aus. Sie wärmen sich vor dem nächsten Tauchgang, denn angesichts der kargen Inseln haben sie sich als einzige Echsen der Welt auf die Nahrungssuche im Meer verlegt. Die einen Meter langen Tiere bleiben gut 10 Minuten unter Wasser und schwimmen bis zu 50 Meter vom Ufer weg. Dort stehen einige Pinguinküken, die sich gelassen von einer Gruppe auftauchender Taucherbrillen beglotzen lassen. So idyllisch, merkwürdig und schön könnte es bleiben, wenn es Politikern, Wissenschaftlern und Naturschützern gelänge, die gefährlichste eingeschleppte Art in Schach zu halten: den Menschen. □

BILDNACHWEIS
Anordnung im Layout: o=oben, u=unten, r=rechts, l=links, m=Mitte.
Titel: Pete Oxford/Minden Pictures; S. 3 o Marc-Oliver Schulz, u Andri Pol; S. 4 m Christoph Otto, u Miquel Gonzalez; S. 4/5 Geremy Woodhouse/Getty Images; S. 5 m C. & A. Purcell/Corbis, ul Frans Lanting/Focus, ur Pol; S. 6 o Louie Psihoyos/Corbis, m picture-alliance/DPA, ul, ur Dolores Ochoa R./AP; S. 8 o Pat Wellenbach/AP, u M. Read/NPL/Arco; S. 9 ol, or Schulz, ml Stockfood, mr Michele Molinari/Alamy; S. 10 o Otto, ml Peter Menzel/Focus, mr Silvia Pesantez, ul Uwe Stolzmann, ur Joachim Jacobs; S. 12/13 B. Gardel/Hemispheres/laif; S. 14/15 Schulz; S. 16/17 Tui de Roy/Minden Pictures; S. 18 Gonzalez; S. 19, 20/21, 22 Schulz; S. 23 Pol; S. 24/25, 26/27 Otto; S. 28/29 Schulz; S. 33 R. Buendia/AFT/Getty Images; S. 34/35, 36, 37 o Gonzalez; S. 37 u, 38 Schulz; S. 39, 40 ol, 40 u Gonzalez; S. 40 or, 42 Schulz; S. 44 AKG/picture-alliance; S. 44/45, 46 l BPK; S. 46 r The Bridgeman Art Library; S. 47 l BPK, m The Bridgeman Art Library, r AKG; S. 48/49 Prof. Dr. Theo Toulkeridis; S. 50 o J. A. Sanchez/AP, u P. C. Vega/Corbis; S. 51 G. Granja/Reuters/Corbis; S. 52 o AP, u Schulz; S. 55 o DPA/picture-alliance, u Per-Andre Hoffmann/Look; S. 58-65 Christoph Otto; S. 69 Anja Haegele; S. 70-72 Andri Pol; S. 71 Schulz; S. 74-80 Andri Pol; S. 84 Jorge Anhalzer/Archivo Criollo (www.archivocriollo.com); S. 85, 87 Haegele; S. 90 o Schulz, u Roland Schulz; S. 90-100, 102 Christoph Otto; S. 104/105 T. d. Roy/Minden Pictures; S. 106 o G. A. Rossi/Tips/Focus; S. 106 u, 107 o, 107 u, 108 o, 109 o Lanting/Focus; S. 108 u Kevin Schafer/Getty Images; S. 109 u, 110 o, 112 T. d. Roy/Minden Pictures; S. 110 u Mark Newman/Agentur Huber; S. 115 Schulz; S. 116 Gonzalez; S. 117, 118/119, 120, 122, 126, 127, 128, 130 Schulz; S. 134 G. D. Orti/Corbis; S. 138 Antonina Gern.

Der San Rafael-Wasserfall im Abendlicht: Pete Oxford fotografierte den Titel dieser MERIAN-Ausgabe

MERIAN

Heft 01/2008, Januar, Erstverkaufstag dieser Ausgabe ist der 13. 12. 2007
MERIAN erscheint monatlich im Jahreszeiten Verlag GmbH, Poßmoorweg 2, 22301 Hamburg
Telefon 040/27 17-0 **Anschrift der Redaktion:** Postfach 601728, 22217 Hamburg
Telefon 040/27 17-26 00, Fax 040/27 17-26 28, E-Mail: redaktion@merian.de
Leser-und Aboservice: Postfach 601220, 22212 Hamburg, Tel. 040/87 97 35 40, Fax 040/27 17-20 79
Syndication: www.jalag-syndication.de
GourmetPictureGuide: Stefanie Lüken, Telefon 040/27 17-20 02, Fax 040/27 17-20 89, www.gourmetpictureguide.de
Internet: www.merian.de

Herausgeber: Manfred Bissinger
Chefredakteur: Andreas Hallaschka
Stellvertretender Chefredakteur: Hansjörg Falz
Art Directorin: Sabine Lehmann **Chef vom Dienst:** Tibor M. Ridegh
Redakteure: Roland Benn (freie Mitarbeit), Anja Haegele (freie Mitarbeit), Thorsten Kolle (freie Mitarbeit) Kathrin Sander, Charlotte von Saurma **Schlussredaktion:** Tibor M. Ridegh, Jasmin Wolf
Layout: Helga Damm, Ingrid Koltermann (Schlussgrafik), Dorothee Schweizer (stellv. Art Directorin)
Bildredaktion: Hanni Rapp, Eva M. Ohms
Redakteurin dieses Heftes: Anja Haegele **Bildredakteurin dieses Heftes:** Hanni Rapp
Kartographie: Peter Münch **Dokumentation:** Jasmin Wolf, Inken Baberg, Andrea Wolf (freie Mitarbeit)
Mitarbeit: Julia Braune, Helmut Golinger, Constantin Härthe **Herstellung:** Karin Harder
Redaktionsassistenz: Sabine Birnbach, Katrin Eggers
Geschäftsführung Premium Magazine: Peter Rensmann **Verlagsleitung Premium Magazine:** Oliver Voß
Group Head Anzeigen Premium Magazine: Roberto Sprengel **Anzeigenleitung:** Christel Janßen
Anzeigenstruktur: Patricia Hoffnauer **Marketing:** Kenny Machaczek, Ulrich Rieger, Sonja Wünkhaus
Vertriebsleitung: Jörg-Michael Westerkamp (Zeitschriftenhandel), Frank H. Häger (Buchhandel)
Verantwortlich für den redaktionellen Inhalt: Andreas Hallaschka
Verantwortlich für Anzeigen: Roberto Sprengel

Verlagsbüros Inland:
Hamburg: Tel. 040/27 17-25 95, Fax -25 20, E-Mail: vb-hamburg@jalag.de
Berlin + Hannover: Tel. 0511/85 61 42-0, Fax -19, E-Mail: vb-hannover@jalag.de
Düsseldorf: Tel. 0211/901 90-0, Fax -19, E-Mail: vb-duesseldorf@jalag.de
Frankfurt: Tel. 069/97 06 11-0, Fax -44, E-Mail: vb-frankfurt@jalag.de
Stuttgart: Tel. 07 11/966 66-520, Fax -22, E-Mail: vb-stuttgart@jalag.de
München: Tel. 089/99 73 89-30, Fax -44, E-Mail: vb-muenchen@jalag.de

Repräsentanzen Ausland:
Basel: Intermag AG, Tel. +41 61/275 46-09, Fax-10, E-Mail: info@intermag.ch
London: The Powers Turner Group, Tel. +44 20/7630 99 66, Fax 76 30 99 22, E-Mail: cweiss@publicitas.com
Mailand: Media & Service International Srl, Tel. +39 02/48 00 61 93, Fax 48 19 32 74, E-Mail: info@it-mediaservice.com
Paris: International Magazine Company, Tel. +331/53 64 88 91, Fax 45 00 25 81, E-Mail: imc@international.fr
Madrid: Alcála Media International Media Representation, Tel. +34 91/326 91 06, Fax-07, E-Mail: alcalamedia@retemail.es
Wien: Publimedia Internationale Verlagsvertretungen GmbH, Tel. +431/215 30, Fax 212 16 02
E-Mail: ppn-vienna@publicitas.com
New York: The Russell Group Ltd., Tel. +12 12/213 11-55, Fax -60, E-Mail: info@russellgroupltd.com

Die Premium Magazin Gruppe im Jahreszeiten Verlag

A&W Architektur&Wohnen COUNTRY DER FEINSCHMECKER WEIN Gourmet MERIAN

Gültige Anzeigenpreisliste: Nr. 39
Das vorliegende Heft Januar 2008 ist die 1. Nummer des 61. Jahrgangs. Preis im Abonnement im Inland monatlich 6,37 € inklusive Zustellung frei Haus. Der Bezugspreis enthält 7% Mehrwertsteuer. Auslandspreise auf Nachfrage. Postgirokonto Hamburg 132 58 42 01 (BLZ 200 100 20)
Commerzbank AG, Hamburg, Konto-Nr. 611657800 (BLZ 200 400 00)
Führen in Lesemappen nur mit Genehmigung des Verlages. Printed in Germany

Weitere Titel im Jahreszeiten Verlag: Für Sie, petra, vital, PRINZ, A&W Architektur & Wohnen, COUNTRY, DER FEINSCHMECKER, WEINGourmet, schöner reisen, Zuhause Wohnen, selber machen
Litho: Alphabeta Druckformdienst GmbH, Hamburg. Druck und Verarbeitung: heckel GmbH, Nürnberg,
ISBN: 978-3-8342-0801-9, ISSN 0026-0029 MERIAN (USPS No. 011-458) is published monthly.
The subscription price for the USA is $ 110 per annum. K.O.P.: German Language Publications, Inc., 153 South Dean Street, Englewood NJ 07631. Periodicals postage is paid at Englewood NJ 07631, and at additional mailing offices. Postmaster: send address changes to: MERIAN, German Language Publications, Inc. 153 South Dean Street, Englewood NJ 07631.

JAHRES ZEITEN VERLAG
Ein Unternehmen der
GANSKE VERLAGSGRUPPE

MERIAN

TIPPS Was Sie in Ecuador nicht versäumen sollten:

Galapagos-Archipel An keinem anderen Ort der Welt kann man Tiere leichter in Freiheit beobachten, denn hier haben sie keine Scheu vor Menschen. Echsen, Schildkröten, Seelöwen, Blaufußtölpel und Fregattvögel posieren fürs Foto.

Quito Colonial 1978 wurde das historische Zentrum zum Welterbe der Kultur erklärt. Unter 40 Kirchenkuppeln und hinter dicken Klostermauern verbergen sich die kostbarsten religiösen Kunstschätze Amerikas.

Amazonas-Regenwald In der ersten Nacht macht das Rasseln, Summen und Zirpen des Dschungels, das heisere Geschrei der Affen beklommen. Aber nach Sonnenaufgang, wenn all die Tiere sich zeigen – dann ist er paradiesisch!

Vulkan Cotopaxi Der höchste aktive frei stehende Vulkan der Welt ist ein Bergsteigertraum! Mit dem Auto geht es bis auf 4500 Meter. Der Weg auf den 5897 Meter hohen Kratergipfel ist einfach, erfordert aber ein Höhentraining.

Cuenca – El Barranco Das Nordufer des Río Tomebamba ist das Highlight der Altstadt. Bei einem Spaziergang sollte das republikanische Viertel einmal von der Calle Larga und dann vom Fluss aus betrachtet werden.

Ruta de las Cascadas Die Wasserfallroute über dem Pastaza-Canyon führt von Baños aus über Hängebrücken und Drahtseilbahnen zu wilden Kaskaden wie dem tosenden Pailón del Diablo. Toller Blick auf das Amazonasbecken.

Ruta del Sol Unberührte Badestrände, so weit die Beine tragen. Buckelwale, die sich meterhoch aus dem Ozean katapultieren, riesige Fregattvogel-Kolonien und ein sehr karibisches Urlaubsgefühl in netten kleinen Lodges.

Guayaquil – Las Peñas Treppen führen durch das vorbildlich renovierte Viertel mit seinen bunten Häuschen und verspielten Balustraden. Der Blick von oben auf Guayaquil, die Uferpromenade und den Río Guayas ist spektakulär.

Magdalena Guamuslu Guzmán und ihr Alpaka-Hengst Yurac am Fuße des Chimborazo. Auf 3618 Metern über dem Meer ist es kalt – zum Glück hält Magdalenas Poncho aus Alpakawolle schön warm

Foto: Marc-Oliver Schulz

Die prächtige barocke Fassade von Quitos schönster Kirche, der Compañia de Jesús, ist aus vulkanischem Andesit-Stein

MERIAN | TIPP

Spanischkurse

Quito ist das Sprachschulzentrum Südamerikas. Dutzende von namhaften, aber auch selbst ernannten Academias, Institutos und Escuelas de Español sind für Anfänger wie Fortgeschrittene ein Grund, ein paar Wochen länger zu bleiben. Einige Schulen bieten staatlich anerkannte Diplome, andere sind eher verkappte Reisebüros ohne entsprechende Lizenz. Geboten wird in der Regel Einzelunterricht am Vor- oder Nachmittag. Aber auch ganztägige Crash-Kurse sind gefragt. Die Einzelstunde kostet nur 4 bis 7 Euro, bei mehrwöchigen Intensivpaketen ist meist ein Rabatt üblich. Viele Schulen vermitteln Aufenthalte bei einheimischen Gastfamilien mit Halb- oder Vollpension und befinden sich im Einzugsbereich der Stadtviertel La Mariscal, El Batán oder La Floresta.

Quito

(f 3) **Casa de la Cultura / Museo del Banco Central**
Querschnitt durch die ecuadorianische Kunstgeschichte. Fantastische archäologische Sammlung aller präkolumbischen Phasen. Streng bewacht wird eine 2000 Jahre alte Goldmaske der La-Tolita-Kultur.
Patria y 6 de Diciembre
www.cce.org.ec
Di-Fr 9-17 Uhr
Sa, So 10-16 Uhr; 1,50 €

(b 2) **Casa Sucre**
200 Jahre altes Haus (auch „Blaues Haus") mit reizvollem Patio. Ausgestellt sind Originalmöbel, Uniformen und Reitsättel von Marschall Sucre, der 1822 die Spanier an den Hängen des Pichincha besiegte. Die Pflastersteine im Eingang sind mit Hunde-, Lama und Schildkrötenknochen verziert.
Venezuela y Sucre
www.cncultura.gov.ec/cultura/html/museo3-2.htm
Di-Do 8.30-16.30, Fr bis 13.30
Sa 9.30-13.30 Uhr; 0,75 €

(b 2) **Compañia de Jesús**
Die von außen schlicht wirkende Jesuitenkirche aus dem 17. Jahrhundert ist aus Vulkangestein. Im Inneren ist es eines der prachtvollsten Gotteshäuser in Amerika. Arabeske und ornamental barocke Blattgoldarbeiten an allen Wänden und Decken. Ebenso eindrucksvoll ist die pompöse Kanzel aus Tropenholz und der Hauptaltar mit der Stadtheiligen Mariana de Jesús.
García Moreno y Chile
www.ficj.org.ec
Mo-Fr 10-17.30 Uhr
Sa, So 10-13.30 Uhr; 1,50 €

(b 3) **La Ronda**
Mit ihren Lämpchen und Geranientöpfen erstrahlt die älteste Gasse Ecuadors frisch renoviert im Originalglanz. Unter Balkönchen werden mitunter alte Serenaden dargebracht. Eine heiße Schokolade mit Käse in der Casa No. 762 gehört zum Erlebnis dazu.

(h 2) **Mirador de Guápulo**
In einem Ausläufer des Quito-Hochbeckens schmiegt sich das Bohème-Viertel in den Steilhang. Über diesen Pflastersteinweg brach der Amazonas-Entdecker Orellana 1541 ins „Land des Zimtes" jenseits der Anden auf. Toller Blick vom Mirador auf das Tal von Tumbaco und die Ostkordillere.
Camino de Orellana

(b 2) **Museo de la Ciudad**
Einst erstes Krankenhaus des Landes, das von 1565 bis 1974 Generationen von Ärzten ausbildete. Zwischen Arkaden und Patios kann man sich heute auf eine Reise durch die Jahrhunderte begeben und der Stadtgeschichte nachspüren.
García Moreno y Rocafuerte
www.museociudadquito.gov.ec
Di-So 9.30-17.30 Uhr; 1,50 €

(a 3) **Panecillo**
Der 3100 m hohe „Brötchenhügel", ein erloschener Mini-Vulkan, war schon vor Inka-Zeiten von strategischer Bedeutung. Von der Plattform der 43 m hohen und aus 7000 Aluminiumteilen zusammengeschweißten Jungfrauenstatue bietet sich von den Dächern der Altstadt ein herrliches Panorama mit der modernen Skyline im Norden und den umliegenden Vulkanen.

(c 2) **Plaza Grande / Plaza de la Independencia**
Einst Machtzentrum der Kolonialherren. In der Mitte die Unabhängigkeitssäule, im Süden die Kathedrale (1566), im Westen der Regierungspalast mit Wachsoldaten in blauen Schwalbenschwänzen, im Norden der Bischofssitz mit Patio-Lokalen wie „Café del Fraile".
García Moreno y Chile
Catédral Mo-Fr 10-16 Uhr
1,15 €

(b 2) **Plaza, Kirche und Museum von San Francisco**
Flämische Mönche pflanzten auf der Plaza den ersten Weizen des Landes an. Der Monumentalbau aus dem Schutt des Inka-Palastes (1536) ist der aufgehenden Sonne zugewandt. Jahrhundertelang wurde an der ältesten Kirche Ecuadors weitergebaut, deshalb ist sie heute ein stilistischer Mix aus Barock, Renaissance, Spätgotik und Klassizismus. Der Hauptaltar ist ein Meisterwerk barocker Schnitzerei. Der Zugang zum Patio des sehenswerten Religionsmuseums ist rechts neben dem Portal.
Cuenca y Sucre
Kirche: Di-Fr 10-12, 14-16 Uhr
Sa, So 9-16 Uhr, Eintritt frei
Während der Messe um 7 u. 8 Uhr sind touristische Rundgänge nicht gestattet; Museum: Mo-Fr 9-13, 14-18 Uhr, Sa 9-13 14-16, So 9-13 Uhr; 1,50 €

(c 2) **San Agustín / Museo Miguel de Santiago**
Harmonische Wandelhallen, schlanke Säulen, riesige Tagua-Palmen und ein herrlicher Deckenschmuck im Klosterinnenhof (16./17. Jh.).
Chile y Guayaquil
www.migueldesantiago.com
Mo-Fr 9-12.30, 14.30-17 Uhr
Sa 9-13 Uhr; 0,75 €

(e 1) **Teleférico (Seilbahn)**
In 10 Minuten auf 4000 Höhenmeter! Gegen erste Anzeichen der Höhenkrankheit gibt es in der Bergstation eine Sauerstoffbar. Der Blick auf die Stadt und die wunderschöne, hügelige Landschaft ist spektakulär. Wer sich mehr zutraut, kann zum Gipfel des Rucu Pichincha wandern (4690 m).
Avenida Occidental y La Gasca
www.teleferiqo.com
Mo-Do 10-18 Uhr
Fr-So 10-21 Uhr; 3 €

Die kleinen Lettern (f 3) beziehen sich auf die Stadtpläne, die großen auf die MERIAN-Karte (ab Seite 131)

Die blau glänzenden Kuppeln der Neuen Kathedrale von Cuenca sieht man auch vom Restaurant „Bajo Cero“ aus

Cuenca

(c 5) **Blumenmarkt am Karmelitenkloster**
Vor dem Kloster eine Riesenauswahl duftender, bunter Blumen aus Ecuador. Und hinter den Klostermauern leben völlig weltabgewandt 20 barfüßige, kahl geschorene Nonnen. Ein hölzernes Drehfenster, durch das sie selbst gebackenes Brot, hausgemachte Marmelade und Heilkräuter verkaufen, ist ihr einziger Kontakt zur Außenwelt.
Sucre y Aguirre
Blumenmarkt tgl. 8.30 Uhr bis nachmittags, Drehfenster der Karmeliterinnen tgl. 8-11 Uhr

(b 5) **El Barranco**
Das Viertel am Ufer des Río Tomebamba besteht aus einem ärmlichen Teil zwischen den Brücken Puente del Vado und del Centenario und einem noblen Teil zur Puente del Vergel hin. Bei einem Spaziergang sollten die Häuser sowohl von der Calle Larga als auch vom Ufer aus betrachtet werden. Das verspielte Dekor an Decken und Wänden verdankt die Stadt französischen Jesuiten.

(c/d 5/6) **Museo del Monasterio de la Concepción**
Das Museum beherbergt blühende Gärten in winzigen Patios und religiöse Reliquien aus vier Jahrhunderten. Das Kloster aus dem 17. Jahrhundert ist ein architektonisches Juwel. Es kann nur der Museumsteil besichtigt werden.
Hermano Miguel y Jaramillo
Mo-Fr 9-13, 15-18 Uhr Sa 10-13 Uhr; 2 €

(c 5) **Neue und Alte Kathedrale**
La Nueva Catedral wurde von Joh. Stiehle Ende des 19. Jahrhunderts erbaut. In ihrem bombastischen Gewölbe aus Alabaster und Marmor finden bis zu 10 000 Gläubige Platz. Gegenüber befindet sich La Catedral Vieja aus der Gründerzeit (1557) mit der ältesten Orgel Ecuadors. Ihr Fundament besteht aus Resten des Inka-Palastes Pumapungo.
Parque Abdón Calderón
Neue Kathedrale Mo-Fr, So 8.30-16 Uhr, Sa nur vormittags; Alte Kathedrale Mo-Fr 8.30-12.30, 14.30-17.30 Uhr, Sa nur vormittags; 1,50 €

(b 5) **Panamahut-Museum**
Über 150 Jahre alte Arbeitsgänge der traditionellen Strohhutherstellung werden sehr anschaulich vorgeführt. Große Auswahl, vom teuren Superfino bis hin zum billig-legeren Vogelscheuchen-Look.
Calle Larga 10-41 / Centro Cultural Paseo del Barranco
Mo-Fr 9-18 Uhr, Sa 9.30-16.30 Uhr, So 10-13.30 Uhr

(d 6) **Todos Los Santos**
Die Allerheiligen-Ruine bringt die Fusion dreier Kulturen zum Ausdruck: Die rundlich abgeflachten Steine stammen von den Cañari, die nahezu fugenlose Mauer von den Inka, während der Steinbogen einer Getreidemühle von den Spaniern aus den Resten beider Kulturen errichtet wurde.
Ecke Calle Larga y Manuel Vega

(B 5) **Nationalpark El Cajas**
Schachtelförmige Täler (*caja* heißt Schachtel) zwischen zerfurchten Höhenrücken und 230 Lagunen. Das Gebirge ist bekannt für plötzliche Wetterstürze, deshalb sind Touren nur mit lizenzierten lokalen Guides zu empfehlen. Der Berg Arquitectos (4450 m) lädt zu mehrtägigen Wanderungen ein. Eine leichte und kürzere Route führt um die Lagune Toreadora.
tgl. 8-18, Einlass -16 Uhr; 7,50 €

MERIAN | INKA-RUINEN

Sonnentempel

Ingapirca ist die einzige für Touristen zugängliche Kultstätte der Inka in Ecuador

Der Sonnentempel **Ingapirca**, dessen Ruinen als bedeutendstes Zeugnis prähispanischer Kulturen im Land zu besichtigen ist, steht am Ort einer Kultstätte der Sonne und Mond verehrenden **Cañari**. Ingapirca hat, wie viele Inka-Anlagen, die Form eines sprungbereiten Pumas. Der ovale Tempel stellt den Kopf der Wildkatze dar, die **Inka-Straße** oberhalb der Anlage das Rückgrat, die Steinreste des Jungfrauenhauses den Schwanz. Zwischen den Klauen befanden sich die rituellen Bäder. Der Felsbrocken vor dem offenen Maul soll das zu verschlingende Meerschweinchen sein – Symbol für die besiegten Cañari. Inka-typisch sind die fugenlosen Mauern, die trapezförmigen, erdbebensicheren Eingänge und die astronomische Präzision des Baus. Die Achse des Tempels stimmt mit dem Verlauf der Sonne von Ost nach West überein. Eine innere Nord-Süd-Wand teilt den Tempel in zwei Räume. An dieser konnte der längste und kürzeste Tag abgelesen werden. Die Sonnenstrahlen drangen durch jeweils vier Schlitze in der Ost- und Westseite ins Gebäude. Beide Seiten dieser Mauer verkleideten die Inka mit Gold. Während der Zeremonien zur Sonnenwende wurde der Hohepriester so in göttliches Licht getaucht. Entstanden ist der Tempel Mitte des 15. Jahrhunderts. Während ihres Vormarsches aus dem Süden (Peru) bekriegten sich die Inka mit den Stämmen des Nordens (Ecuador). Der **Inka-König Túpac Yupanqui** stieß mit über 200 000 Mann in die fruchtbaren Täler des Stammesgebiets der Cañari vor. Nach dem Sieg machten die Inka **Tomebamba** (Cuenca) zur Hauptstadt des nördlichen Reiches. Neben Ingapirca entstand auch der Palast von **Pumapungo**. Im späteren Bruderkrieg zwischen Huáscar und Atahualpa, den Söhnen des Nachfolgers von Tupac Yupanqui, schlugen sich die Cañari auf die falsche Seite. Es siegte **Atahualpa** aus Quito, der sich für den Verrat grausam rächte: Herausgerissene Herzen sollen überall im Lande verstreut worden sein. **1533** marschierten die Spanier in Tomebamba ein. Ingapirca, auf 3100 Metern gelegen, blieb zunächst von den Spaniern unentdeckt. Im 19. Jahrhundert fand **Humboldt** die Anlage intakt vor. Danach benutzten die Bewohner der umliegenden Dörfer die Steine aus Ingapirca zum Haus- und Kirchenbau, bis die Ruine geschützt wurde.

www.uct.edu.ec/ingapirca/inicio.htm
tgl. 8 bis 18 Uhr; Eintritt 4,50 € (C 5)

MERIAN | KOLIBRIS

Bunte Flugkünstler

Die kleinsten und schillerndsten Vögel der Welt sind immer auf der Suche nach Nektar – und in Ecuador fast überall leicht zu beobachten

Blütenstecher, *picaflores*, nennt man sie in Ecuador, wo 132 Kolibri-Arten heimisch sind – mehr als irgendwo sonst auf der Welt. Sie können fliegend „in der Luft stehen", vertikal aufsteigen wie Hubschrauber, seitwärts und als einzige Vögel auch rückwärts fliegen. Dabei schlagen ihre Flügel etwa 80 Mal pro Sekunde. Das Einzige, was Kolibris nie tun, ist auf dem Boden landen. Die kleinsten Arten wiegen zwei Gramm und ihr Herz schlägt bis zu 1200 Mal pro Minute. Das kostet so viel Energie, dass jeder Vogel mehr als tausend Blüten am Tag anfliegen muss, um genug Nektar, sprich Kalorien, aufzunehmen. Damit sie ohne Futter die Nacht überstehen, klammern sich die Kolibris an einen Zweig und senken die Herzfrequenz ab, bis sie in eine Art Starre verfallen.

Kolibris fliegen am liebsten an leuchtend rote Blüten

Die schillernden Farben ihres Gefieders werden durch die Struktur der Federn und die Reflektion des Lichts darauf erzeugt. Deshalb ist die volle Farbenpracht oft nur in einem bestimmten Winkel sichtbar.

Kolibris gibt es in Ecuador in allen Höhenlagen bis über 4000 Metern. Selbst in Quito sieht man Kolibris in Gärten, Vorgärten und auf Telefonleitungen sitzen. Die Baumkronen der subtropischen Nebelwälder bei Mindo sind ein wahrer Kolibrimagnet. Dort sind die Vögel jedoch eher schwer auszumachen. In vielen Lodges werden daher rote, als Plastikblumen getarnte Zuckerwasser-Trichter aufgehängt, vor denen pausenlos hunderte Kolibris im Schwirrflug stehen, um mit ihrem langen Schnabel Zuckerwasser zu saugen. So können zwar die Touristen die Kolibris bequem fotografieren, für die Vögel ist das Füttern aber gefährlich: Sie gewöhnen sich an das Zuckerwasser und verlieren den Instinkt, ihre ursprünglichen Nahrungsquellen zu suchen. Wird das Zuckerwasser nur an einem einzigen Tag nicht nachgefüllt, ist dies oft der Tod der süchtigen Kolibris, da sie die passenden Blüten im Wald nicht mehr schnell genug finden.

(C 4) Alausí

Teufelsnase

Früher ritten Touristen auf dem Dach des Zuges zur Teufelsnase – kopfschüttelnd bestaunt von den Quechua, die in den Waggons zu ihren Dörfern fuhren. Wegen mehrerer Unfälle ist das Dach jedoch inzwischen tabu (siehe Reportage S. 68). Spätestens um 7 Uhr verlässt der Zug Riobamba. Das Ticket für etwa 8 € ist nur im Bahnhof erhältlich, am Vortag ab 17 Uhr oder noch am gleichen Morgen ab 6 Uhr. Erster Stopp wird in dem indianischen Städtchen Guamote eingelegt. Danach geht es durch die sandige Hochebene von Tiocajas, wo einst die schwersten Kämpfe zwischen den Inka und den vorrückenden Spaniern stattfanden. Gegen 11 Uhr kommt man nach Alausí, wo es ebenfalls möglich ist, zuzusteigen. Dann geht es im Zickzack die berüchtigte Teufelsnase hinunter und später wieder hinauf, zurück nach Alausí und Riobamba. Eine Alternative ist der Schienenbus „Chiva Express" von Metropolitan Touring. Dort darf man noch auf dem Dach sitzen. Der Schienenbus verlässt Riobamba bereits um 6.30 Uhr und kostet für die gleiche Strecke etwa 33 € inklusive Snack.

Zug: Mi, Fr, So 7 Uhr, 8 €
Chiva Express: Mi, Fr, So 6.30 Uhr; 33 € ab Riobamba
www.chivaexpress.com

(C 4) Baños

Auf einem Talvorsprung über dem Río Pastaza liegt der von steil aufragenden Höhenrücken umgebene Wallfahrtsort am Fuße der Anden. Das frühlingshafte „Tor zum Oriente" ist ideal, um sich von einer Gipfelbezwingung oder einem Dschungeltrip zu erholen. Ein heißes Bad in den Schwefelquellen hat hier im Morgengrauen Tradition. Die Basilika ist den Wundertaten der Jungfrau des Heiligen Wassers gewidmet. An die Rauchschwaden des nahen Tungurahua-Vulkans gewöhnt man sich schnell.

www.banios.com
Thermen tgl. 4.30-17, 18-22 Uhr; tagsüber 1,15 € abends 1,50 €

(C 2) Cotacachi

Kraterlagune Cuicocha

Die von Steilklippen umgebene „Meerschweinchen"-Lagune ist die Schönste Ecuadors. In ihrer Mitte erheben sich zwei Eilande. Der Gipfel des alles überragenden Cotacachi (4939 m) ist meist in Wolken gehüllt. Ein Wanderweg führt in 4-5 Stunden um den See und gibt ein fantastisches Panorama der nördlichen innerandinen „Straße der Vulkane" frei. Einen herrlichen Blick nach einem nur fünfminütigem Spaziergang offeriert auch die Hostería Los Pinos.

www.lospinosdecuicocha.com

Die Cuicocha-Lagune (wörtlich: Meerschweinchensee) liegt auf 3 200 Metern an der Südflanke des Vulkans Cotacachi

(C 2) El Angel

Naturreservat El Angel
Neben Lagunen und Hochmooren gibt es bis zu vier Meter hohe endemische Irailejones zu sehen. Außerdem kann im Wald Bergtukanen oder Brillenbären nachgespürt werden. Eine mittlere Herausforderung für Wanderfreunde ist der viertägige Golondrinas-Trail.
www.explored.com.ec/ecuador/guia/parques.htm
tgl. 8-18 Uhr; 7,50 €

(C 4) Guamote

Markt
Jeden Donnerstag strömen Quechua-sprechende Bergbauern in Ponchos und Filzhüten gekleidet in das Städtchen. Ein Geheimtipp unter den indianischen Andenmärkten: sehr authentisch mit vielen exotischen Farben und Gerüchen.
Do 7-13 Uhr

(C 3) Machachi

Nationalpark Cotopaxi
Aus dem Quechua übersetzt bedeutet Cotopaxi „sanfter Nacken des Mondes". Der höchste aktive freistehende Vulkankegel der Erde (5 897m) ist ein Highlight jeder Ecuador-Reise. Zwei Straßen führen durch Pinienwälder (aufgeforstet, um Bodenerosionen entgegenzuwirken) zum Fuß des Gletscherriesen auf etwa 3 800 Metern. Auf der windig-kalten, spärlich bewachsenen Schwemmland-Hochebene grasen Wildpferde und Karakaras. Vom Parkplatz (4 500m) führt ein steiler Pfad zur Schutzhütte, die auf 4 800 Metern liegt.
www.explored.com.ec/ecuador/guia/parques.htm
tgl. 8-18 Uhr; 7,50 €

(C 2) Mindo

Mindo Nambillo Cloudforest
Kolibris, Bergtukane, Quetzale und brilliantrote Felsenhähne: Mit seinen fast 600 Arten ist der Wald nicht nur ein Paradies für Birdwatcher. Nachmittags durchziehen oft Nebelschwaden die dicht bewaldeten Hügel. Ein reizvolles Sträßchen, die kurvenreiche Eco Ruta Paseo del Quinde, führt von Quito über das Dorf Nono hinab in die subtropischen Nebelwälder. Ein Tipp für Mountainbiker!

(C 2) Otavalo

Markt
An Samstagen wird das Städtchen zum größten Markt Südamerikas – eine preiswerte Geschenktruhe für die Lieben daheim: Günstig sind vor allem Wollpullover, Wandteppiche, Panamahüte und Hängematten. Die Trachten tragenden Otavaleños, Nachfahren eines von den Inka zwangsdeportierten Volkes aus dem bolivianischen Hochland, haben ein kleines Wirtschaftswunder vollbracht und sich zu den reichsten Eingeborenen Amerikas gemausert, ohne dabei ihre eigene Identität einzubüßen. Mittwochs findet noch ein kleinerer Markt statt. An den anderen Wochentagen gibt es an der Plaza de los Ponchos nur ein paar Stände für verirrte Touristen – nicht empfehlenswert!
Sa, 6.30 Uhr bis nachmittags

(C 4) Riobamba

Naturreservat Chimborazo
Durch die Äquatorausbeulung wurde der höchste Berg Ecuadors (6 310m) als höchster Gipfel der Erde betrachtet. Alexander von Humboldt scheiterte 1802 knapp darunter. Er hielt damit für 80 Jahre den Höhenweltrekord. (vgl. Reportage S. 44) Heute fährt man mit dem Auto bis zur ersten Schutzhütte auf 4 800 Metern. Einen sauerstoffarmen Spaziergang erlebt man auf dem Weg zur zweiten Hütte (5 000m).
www.chimborazo.net
tgl. 8-18 Uhr; 7,50 €

(C 3) Quilotoa

Kraterlagune
Zum Ufer der unglaublich türkis schimmernden Lagune sind es vom 4 000 Meter hohen Kraterrand nur ein paar Minuten zu Fuß. Auf dem Rücken eines Esels geht es dann wieder hinauf. Eine herrliche Wanderung abseits ausgetrampelter Pfade führt in das 1 000 Meter tiefer gelegene Dörfchen Chugchilán. Farbenfrohe indianische Bauernmalereien auf Schafshaut werden im Dörfchen Tigua verkauft.

(C 3) Saquisilí

Markt
Skurriles indianisches Tohuwabohu: Mais- und Kartoffelberge, überquellende Fruchtstände, quiekende Meerschweinchen und gegrillte Hausschweine mit roten Tomaten im Maul. Es können außerdem Weidekörbe und Kaktusseile, Blechkanister, Macheten sowie Pötte und Schuhe aus Autoreifen erworben werden.
Do 6.30-9.30 Uhr

(C 7) Vilcabamba

Der subtropische Luftkurort liegt in einem Talkessel auf nur 1 500 Metern. Bekannt als „Tal der Hundertjährigen", ein beliebtes Ziel zum Ausruhen. Reitausflüge in Randbereiche des Podocarpus Nationalparks sind hier ein Muss. Nirgendwo in Ecuador geht es so stressfrei zu. Auf dem Ortsschild steht „Mehr Jahre dem Leben und mehr Leben in den Jahren".

MERIAN | ISLA DE LA PLATA

Wiege der Wale

Im Sommer paaren sich die Meeressäuger vor der Silberinsel – dem „Galapagos des armen Mannes“

Die 1200 Hektar große **Isla de la Plata**, die 36 Kilometer nordwestlich von Puerto López im Pazifik liegt, gehört zum **Machalilla-Nationalpark**. Einst steuerte das Seefahrervolk der Manteños die Insel als Zeremonienstätte an, während sie der Freibeuter Francis Drake als Unterschlupf nutzte. Heute nennt man die Insel das „Galapagos des armen Mannes“, denn Flora und Fauna ähneln dem tausend Kilometer westlich gelegenen Archipel sehr.

Zwei Rundwege führen über das 167 Meter hohe Massiv zu Nistplätzen von Albatrossen, Masken- und Blaufußtölpeln. Fregattvögel kreisen über den Klippen und versuchen, anderen Vögeln die Fische zu entreißen. Dabei wirken ihre roten Kehlsäcke wie Kriegsbemalungen. Die Albatrosse machen dagegen eine eher ungeschickte Figur: Die schweren Vögel, deren Flügelspannweite fast zweieinhalb Meter erreichen kann, brauchen zum Fliegen einen langen Anlauf. Zum Start watscheln sie deshalb an die Klippe, um sich Hals über Kopf in tragende Aufwinde zu stürzen. Startschwierigkeiten haben auch die Maskentölpel. Sie nisten sehr nah am Klippenrand und springen zum Abflug einfach von den Felsen.

Weiter landeinwärts brüten die Blaufußtölpel. Zur Balz tanzen die Paare einen reizenden Liebesreigen, zu dem sich das Brautpaar gegenseitig auf die blauen Füße starrt. Das Männchen stolziert im Walzertakt um das schnarrende Weibchen und streckt Schnabel, Bürzel und Flügelspitzen wie Antennen in den Himmel. Außerdem präsentiert er seiner Angebeteten kleine Zweige als Geschenk.

Das größte Ereignis ist jedoch die **Walsaison** von Mai bis September: Bis zu 4000 Buckelwale paaren sich in der Bucht zwischen Puerto López und der Silberinsel. Sie wandern mehr als 7000 Kilometer aus der antarktischen Kälte in den tropisch warmen Ozean, damit die Neugeborenen, die nur eine dünne Fettschicht haben, überleben. Schätzungen zufolge wurden in den vergangenen zehn Jahren 600 Jungwale vor Ecuadors Küste geboren. Eindrucksvoll sind die Walgesänge, die man deutlich hört, wenn die Tiere an die Wasseroberfläche schwimmen. Spektakulär auch: die gewaltigen Sprünge der bis zu 30 Tonnen schweren Tiere aus dem Wasser! Am Strand von Puerto López starten täglich gegen 9 Uhr mehr als ein Dutzend Schiffe zum Tagesausflug mit Walbeobachtung, Wanderung und Schnorcheltrip auf die Isla de la Plata.

Tagestouren: 25 €, Eintritt in den Nationalpark: 15 € **(A 4)**

(A 4) Ayampe

Los Cinco Cerros de Ayampe
Bezaubernder Abschnitt der Ruta del Sol. Zerklüftete Steilklippen fallen in den Ozean ab, feuchttropischer Regenwald wuchert neben der Straße. Oben auf dem Pass, kurz vor einer Rechtskurve, sollten Reisende unbedingt einen Fotostopp einlegen und den atemberaubenden Blick über die fünfzackige Hügelkette auf den Pazifik genießen.

(A/B 3) Bahía de Caráquez

Geruhsame Stadt mit hübscher Uferpromenade am breiten Meeresarm Estuario del Río Chone. Besonders empfehlenswert ist ein Bootsausflug zur naturgeschützten Isla Corazón, zu den Brutstätten einer der größten Fregattvogelkolonien Südamerikas.
www.guacamayotours.com
Bootsausflug 4 Stunden, 40 €

(B 4) Guayaquil

Zentralfriedhof
Einer der schönsten Friedhöfe Amerikas! Hier wurden prunkvolle Mausoleen errichtet, dazwischen wachsen Mango-, Guaven- und Brotfruchtbäume, man kann bunte Vögel beobachten und trifft auf streunende Katzen. Die steil in den Hang gesteckten Kreuze am Cerro del Carmen könnten auch für Horrorfilme eine hübsche Kulisse abgeben.
Julián Coronel y Pedro Menéndez Gilbert
tgl. 9-18 Uhr

Las Peñas
Farbenfrohes Gründer- und Bohemeviertel auf dem Santa-Ana-Hügel. Dekorative Holzhäuser aus dem frühen 20. Jahrhundert stehen in der Calle Numa Pompillo Llona, der charmantesten Straße Guayaquils. Hier haben sich viele Kunstgalerien niedergelassen. Ein Netz von Treppenaufgängen führt zu den alten Kanonen, die einst englischen und holländischen Korsaren trotzten. Zum Leuchtturm mit hervorragender Aussicht sind es etwa 450 Stufen. Die markierten Wege sollten nicht verlassen werden.

MAAC Museum für Anthropologie und zeitgenössische Kunst
Die wuchtige Kubus-Form soll an ein Balsa-Floß präkolumbischer Kulturen erinnern. Die Ausstellung ermöglicht einen hervorragenden Über-

r südliche Malecón Simón lívar in Guayaquil, im Hinter- und links das Viertel Las ñas auf dem Hügel Santa Ana

blick über die Keramiken, Textilien, Schmuck- und Zeremonienstücke dieser Völker.
Malecón 2000
www.museomaac.com *Di-Sa 10-18, So 11-17 Uhr, 1,15 €*

Malecón Simón Bolívar
Die Fußgängern vorbehaltene 2,5 Kilometer lange Uferpromenade am Río Guayas ist mit Sehenswertem gespickt. Auf schattigen Wegen flaniert man von der gusseisernen Markthalle im Norden bis zum Anthropologiemuseum im Süden, vorbei am byzantinischen Uhrturm, dem Renaissance-Rathaus, dem Segelschulschiff, einem tropischen Garten und dem einzigen Wolkenkratzer des Landes.
www.visitaguayaquil.com
tgl. 6-22 Uhr

Parque Histórico
Tropisches Heritage Village am Fluss, das die goldene Epoche Guayaquils aufleben lässt. Die eindrucksvollen, originalgetreu nachgebauten Holzhäuser standen einst am Malecón. Es gibt eine „alte“ Hacienda, Plantagen und einen Zoologischen Garten mit heimischen Tieren, z.B. Tapiren, Adlern, Loros und Faultieren zu sehen.
Ciudadela Entre Ríos
www.parquehistoricoguayaquil.com
Di-So 9-16.30 Uhr, 3,40 €

Puente Rafael Mendoza Avilés / Hyazinthen-Delta
Drei Kilometer lange Brücke über die Flüsse Daule und Babahoyo, die ein Stück weiter in den Río Guayas münden. Das Delta der Hyazinthen wird von einem 34 000 Quadratkilometer großen Netz aus Fließgewässern gespeist, dem größten Wassereinzugssystem der amerikanischen Pazifikküste.

(B 2/3) Jama

Das Dorf wirkt wie die Kulisse eines Historienfilms: Gedrechselte Balustraden und wurmstichige Lamellenfensterläden über Schatten spendenden Kolonnadengängen. Nur in wenigen Küstenorten blieb die charmante Bausubstanz längst vergangener Tage so gut wie hier erhalten. Das vier Kilometer entfernte Meer lockt mit einem herrlichem Sandstrand an der Punta Ballena.

(A 4) Machalilla

Playa de los Frailes
Der bezaubernde Naturbadestrand gehört zum Machalilla-Nationalpark, viele sagen, dies sei der schönste Strand Ecuadors. Trinkwasser, Badetuch, Sonnencreme, Mückenstift und Mülltüte mitbringen, es ist keine Infrastruktur vorhanden, nur Sand und Meer. Ein Pfad durch den Trockenwald führt zum Aussichtspunkt, der einen herrlichen Blick auf den Ozean und die Seevögel unterhalb der Klippe frei gibt.
9 €

(B 2) Mompiche

Ensenada de Mompiche
Ein acht Kilometer langer, einsam gelegener Sandstrand in einer karibisch anmutenden Bucht. Neben Scharen von roten Krabben laufen ab und zu auch ein paar Kühe über den heißen Sand. Es gibt gemütliche Strand-Cabañas und ein paar Pensionen im Fischerort.
www.playa-ecuador.com

(A 3) Montechristi

Die Wiege des *sombrero de Jipijapa* (besser bekannt als „Panamahut“, siehe den Text auf S. 102).Die Kunsthandwerksmesse mit Palmfaser-Produkten findet in einem schönen historischen Gebäude statt. Imposant ist die weiße Kirche. Den Christushügel aus Sicherheitsgründen lieber nicht besteigen!

(A 4) Puerto López

Frischer geht's nicht: Die Fischer kommen an Land und verkaufen ihren Fang direkt am Strand: Thun- und Schwertfische, Hammerhaie und Mantarochen werden auf dem Sand ausgebreitet und in portionsgerechte Stücke für den Verkauf zerhackt.
tgl. vormittags

(B 6) Puyango

Versteinerter Wald
Während der Erhebung der Anden vor 65 Millionen Jahren begruben Vulkanausbrüche und Schlammlawinen riesige Araukarienwälder. Erosionen legten die versteinerten Baumriesen und große Mengen von Muschel- und Schneckenfossilien wieder frei. Vorsicht in der Regenzeit (Januar bis Mai): Es wimmelt nur so von giftigen Schlangen.
Eintritt 4 €

(A 4/5) Santa Elena

Los Amantes de Sumpa
Das „In-Situ“-Museum zeigt die Totenstätte der Las-Vegas-Kultur, einer der ältesten Zivilisationsformen Amerikas (8 800-4 600 v. Chr.). Die Skelette eines Pärchens wurden eng umschlungen vorgefunden, dagegen waren andere Knochen nach Segmenten geordnet und zu kleinen Haufen aufgeschichtet.
www.museoamantesdesumpa.com
Di-Sa 10-17, So 10-15 Uhr

(B 6) Zaruma

Pittoreskes Goldgräberstädtchen mit dekorativen, über 100 Jahre alten Holzhäusern. Noch heute arbeiten viele Menschen in den altertümlichen Minen im hügeligen Umland. Eine vom Tourismus bislang kaum entdeckte architektonische Perle.
www.zaruma.gov.ec

MERIAN | TIPP

Urwaldtouren im Cuyabeno-Park

Das Naturschutzgebiet Cuyabeno liegt zweieinhalb Fahrstunden von Lago Agrio entfernt. 600 000 Hektar Regenwald mit überwältigender Artenvielfalt: 117 Säugetier-, 176 Amphibien- und Reptilienarten. Neben Affen, Tapiren, Faultieren, Ameisenbären, Kaimanen, Anakondas und Flussdelfinen sind hier ein Drittel aller Vogelarten des gesamten Amazonasbeckens vertreten. In den Flüssen und Lagunen, einige davon mit versunkenen Wäldern, kann gebadet oder nach Pirañas geangelt werden. Im Reservat leben vier indianische Ethnien: Siona-Secoyas, Cofánes, Kichwas und Shuar. Besonders schön erlebt man das Cuyabeno-Reservat von der Tapir-Lodge aus: Der deutschstämmige Kurt Beate hat einen Öko-Wohnturm mitten in den Dschungel gebaut und bietet Dschungeltouren an. Sportliche Abenteuerlustige können das Reservat während einer mehrtägigen Kanuwanderung genießen: Ohne störenden Motorenlärm sind die Dschungelgeräusche besonders eindrucksvoll, und man sieht viele Tiere. Gepaddelt wird meist flussabwärts, deshalb ist Paddelerfahrung nicht unbedingt nötig. Übernachtet wird in Zelten oder einfachen Dschungel-Hütten. (E/F 2/3)

www.reservacuyabeno.org
www.tapirlodge.com
www.magicrivertours.com
tgl. 6-17 Uhr, Park-Eintritt 15 €
Tapir-Lodge: 4 Tage, 460 €
Kanutouren: 5 Tage, 220 €

Amazonas-Papagei

(D 3) Baeza

Sarayacu-Pass
Undurchdringliche Bergurwälder überziehen die schroffen Kämme und Täler der regenreichen Cordillera de Guacamayos. Die Aussicht vom 2450 m hohen Sarayacu-Pass zwischen den Naturschutzgebieten Antisana und Sumaco ist grandios: Hier verschmelzen Anden und Amazonas, Baumfarne, Bromelien und Orchideen wachsen am Straßenrand, Tukane und Papageien sind oft schon am Parkplatz zu beobachten.

(C/D 4) Baños

Ruta de las Cascadas / Wasserfallroute
Von Baños aus frisst sich die schwindelerregende Straße 60 Kilometer in den Fels über der Pastaza-Schlucht hinunter ins Amazonasbecken. Unterwegs laden Drahtseilbahnen und Wasserfälle wie der Pailón del Diablo zu Stopps ein.
Auf beiden Seiten der Schlucht wachsen Nebelwälder. Fahrräder werden in Baños verliehen. Die Wanderpfade des Río Topo und Río Machay sind besonders aufregend. Von Shell fliegen kleine Maschinen tief in den Dschungel hinein. Agenturen in Baños und Puyo bieten Touren in den Regenwald an.

(D 2/3) El Chaco

Cascada San Rafael
Der über 100 Meter hohe Wasserfall des Río Quijos ist der größte Ecuadors. Von der Straße Baeza–Lago Agrio führt am Kilometerstein 159, nahe dem Vulkan Reventador, erst eine Straße rechts und dann ein Pfad links hinunter. Eine einfache Übernachtungsmöglichkeit mit Flusswasserpool bietet die Hostería Reventador.
tgl. 8-17 Uhr, 7,50 €

(C/D 4/5) Macas

Sangay-Nationalpark
Der Park gehört seit 1983 zum von der UNESCO klassifizierten Weltnaturerbe. Der Aufstieg zum aktiven Vulkankegel des Sangay (5230 m) ist anstrengend, seine Besteigung, empfielt sich von Riobamba aus und gestaltet sich als echtes Abenteuer fernab jeglicher Touristenpfade. Vor allem Vogel- und Orchideenliebhaber kommen hier voll auf ihre Kosten. Eine Panoramastraße führt von Riobamba über die Atillo-Lagunen durch den Nationalpark. Sie verbindet die Anden mit Macas, das auf klimatisch angenehmen 1070 Höhenmetern liegt. Eine Ausnahme im Regenwald Ecuadors: Im Umland dieses Parks gibt es weder Erdölquellen noch Auffangbecken oder Pipelines. Viele der Bewohner sind Shuar-Indianer.
www.explored.com.ec/ecuador/guia/parques.htm
tgl. 8-18 Uhr, 7 €

(D 3) Misahuallí

AmaZOOnico
Offene Auffangstation für Wildtiere. Ziel ist, diese Tiere wieder auszuwildern. Die meisten haben sich jedoch so an den Menschen gewöhnt bzw. leiden an Verletzungen oder Verhaltensstörungen, dass sie in der freien Wildbahn nicht überleben könnten. Größte Attraktion des Zoos sind die Affen. Eine idyllische Übernachtungsmöglichkeit bei Kerzenlicht bietet die Liana Lodge.
www.amazoonico.org
tgl. 8-17 Uhr, 2 €

(D 3) Tena

Sumaco-Nationalpark
Unangetastete Flora und Fauna von 500 Metern bis hin zum Gipfel des Vulkans Sumaco auf 3732 Metern. Über sechs Klima- und Vegetationszonen hinweg gibt es 6000 Pflanzen- und 654 Vogelarten. Über den Baumkronen krächzen Rotbugaras und Kobaltflügelsittiche. Ein Projekt der Gesellschaft für Technische Zusammenarbeit (GTZ) fördert sanften Tourismus in den indianischen Gemeinden. Einfache Unterkünfte wurden errichtet, Führer ausgebildet und ein Weg auf den Sumaco angelegt. Ausgangspunkt für mehrtägiges Trekking durch steilen Bergurwald ist Pacto.
www.sumaco.org
tgl. 8-18 Uhr, 7,50 €

(C 6/7) Zamora

Podocarpus-Nationalpark
Spektakulär: „Amphitheater" aus brüchigem Fels gehen hier abrupt in den Bergurwald über. Lagunen wie die hinreißend schöne „Compadre" speisen mit reißenden Fällen die Bäche der Region. Es gibt 360 Orchideen-, 650 Vogel- und 22 Fledermausarten – darunter den „gehörnte Vampir". Außerdem leben im Podocarpus-Park Brillenbären, Tapire und Pumas. Es gibt drei Zugänge: Cajanuma bei Loja, Bombuscaro und Romerillos bei Zamora.
tgl. 6-18 Uhr, 7,50 €

Versunkener Baum im Cuyabeno-Reservat. Auf dem Baum sind zwei riesige Aufsitzerpflanzen, Bromelien, zu sehen

NATIONALPARK GALAPAGOS

Der Galapagos-Archipel besteht aus 19 größeren und rund 200 kleinen Inseln. Mit 8010 Quadratkilometern ist die Inselgruppe das zweitgrößte Meeresschutzgebiet der Welt. 97 Prozent der Landmasse gehören zum Galapagos-Nationalpark. Dieser wurde 1978 von der UNESCO zum ersten Welterbe erklärt. Besucher dürfen sich im Park nur in Gruppen von höchstens 16 Personen mit autorisierten Guides auf vorgegebenen Pfaden bewegen. Es gibt 70 Besucherstandorte auf 15 Inseln, die meisten sind nur während mehrtägiger Kreuzfahrten erreichbar. Zahlreiche Agenturen bieten Touren an, z.B. Salsa Reisen von MERIAN-Autor Volker Feser, der persönlich fast alle Yachten kennt.
www.galapagospark.org/png/index.php
www.salsareisen.com
Kurz-Kreuzfahrten ab 550 €
Nationalparkgebühr 70 €
Touristenkontrollkarte 7 €

(g 5) Bartolomé

Bizarre Lavalandschaft – vom Aussichtsfelsen der Inseln sieht man auf die blaugrüne Sullivan Bay, die markante Felsnadel Pinnacle Rock und die mit Vulkankratern gespickte Insel Santiago. Auf Bartolomé wurden Teile des Blockbusters „Master and Commander" gedreht.

(f 4) Darwin & Wolf

Die abgelegenen Inseln im äußersten Nordwesten des Archipels sind für fortgeschrittene Taucher ein Muss! Sie begegnen in nächster Nähe riesigen Hammerhaischulen und bis zuzwölf Meter großen Walhaien.

(h 5) Española

Der leuchtend weiße Korallenstaubstrand in der Gardner Bay, bleibt ewig im Gedächtnis! An der Punta Suárez sind Maskentölpel, Blaufußtölpel, Albatrosse, Fregattvögel, Bussarde und rotgrün gesprenkelte Meerechsen zu beobachten.

(f/g 5) Fernandina

Erkaltete Lavaströme und Mangroven an der Punta Espinoza. Pinguine, flugunfähige Kormorane und große Meerechsenkolonien. Die jüngste Galapagos-Insel wird vom aktiven Vulkan La Cumbre überragt, dessen Kraterboden 1968 um 300 Meter absackte. Die letzte Eruption fand 2005 statt.

(g 5) Floreana

Der 640 Meter hohe Vulkan Cerro Pajas bestimmt das Bild der exotischsten der bewohnten Inseln. Auf Floreana lebten Piraten, deren Wohn- und Schatzhöhlen man heute noch besichtigen kann. In der Post Office Bay gibt es ein altes Holzfass, in das man Briefe wirft, die kostenlos in die ganze Welt befördert werden. Die Bucht Corona del Diablo ist einer der schönsten Schnorchelplätze mit großen Zierfischschulen und blökenden Seelöwenbabys.

(h 4) Genovesa

Die abgelegene und unberührte Insel, acht Bootsstunden von Puerto Ayora entfernt, ist berühmt wegen ihrer Rotfußtölpel. Nur seetauglichen Touristen wird die anstrengende Überfahrt empfohlen. Die kreisrunde Darwin Bay, von hohen Klippen umschlosssen, ist ein eingebrochener Vulkankrater. Von hier führen die steilen Prince Philip's Steps zu Brutplätzen von Rotfuß-, Blaufuß- und Maskentölpeln, Fregattvögeln, Lava- und Gabelschwanzmöven.

(g 5) Isabela

Puerto Villamil
Geruhsames Hafenstädtchen: Lavaechsen flitzen über die sandigen Straßen, Palmen rascheln am Strand – der ideale Ort, um der Welt den Rücken zu kehren. Weltumsegler starten von hier aus Richtung Tahiti.

Tagus Cove
Piraten und Walfänger hinterließen in der tiefblauen Bucht historische Graffiti. Hier brüten Pinguine, flugunfähige Kormorane, Blaufußtölpel und Pelikane. Ein steiler Pfad führt zu einem extrem salzhaltigen, grünen Kratersee, der durch einen Erdrutsch vom Meer getrennt wurde.

(h 5) Kicker Rock

Die Galapagos-Variante des Gibraltar-Felsens ragt vor San Cristóbal aus dem tiefblauen Ozean. Begehrter Tauch-Spot! Schräg gegenüber liegt der wunderbar weiße Strand am Cerro Brujo – ein Geheimtipp!

(g/h 5) Plaza Sur

Brütende Seevögel in den Klippen, große gefräßige Landleguane, die ungerührt in stachlige Kaktuspolster beißen, eine Kolonie besonders großer Seelöwenmachos und die ersten Kreuzungen aus Meerechsen und Landleguanen.

(g 5) Santa Cruz

Charles-Darwin-Station
Berühmte Forschungs- und Riesenschildkrötenaufzuchtstation. Publikumsliebling ist „Lonely George", der letzte Überlebende seiner Art.
www.darwinfoundation.org
tgl. 7-18 Uhr
Fütterung Mo, Mi, Fr 8-10 Uhr

Tortuga Bay
Weißer feinsandiger Badestrand mit kräftigen Wellen. In Puerto Ayora werden Bodyboards verliehen. Der schöne drei Kilometer lange Fußweg zur Bucht gehört bereits zum Nationalpark.
tgl. 6-18 Uhr

(g 5) Sombrero Chino

Die winzige, hutförmige Insel scheint auf dem Wasser zu schwimmen. Eine blaugrüne Meeresbucht lädt zum Verweilen ein. Nachmittags gönnen sich Hunderte von Meerechsen eine frische Klippen-Dusche.

Gewagte Bambuskonstruktionen im üppig blühenden Tropengarten: Die Hostería Alandaluz ist ein Ökohotel für Stilbewusste

QUITO Altstadt

(c 1) **Hotel Patio Andaluz**
Elegantes Kolonialgebäude mit zwei überdachten Innenhöfen nur wenige Schritte von der Plaza Grande entfernt. Große Doppelbetten, begehrt sind die Balkon-Zimmer über zwei Ebenen.
García Moreno N6-52
Tel. (02) 228 08 30
www.cialcotel.com *31 Zi.* €€

(c 2) **Hotel Plaza Grande**
Mehr Luxus geht nicht: Das Plaza Grande ist ein prachtvoller Kolonialpalast. Alle Möbel, auch die riesigen Betten, Vorhänge und Gobelins sind Antiquitäten, auch die Korridore sind holzgetäfelt. Zur Begrüßung werden Tapas gereicht, zum Frühstück gibt es zehn Sorten frisch gepresste Fruchtsäfte. Vier Suiten mit Balkon zur Plaza de la Independencia.
García Moreno y Chile
Tel. (02) 251 07 77
www.plazagrandequito.com
15 Zi. €€€€

(b/c 2) **San Francisco de Quito**
Kolonialbau von 1698. Die Zimmer reihen sich im ersten Stock um den Patio. Uralte Steintreppe, Holzdielen und rustikale Honeymoon-Suite mit engem Treppchen im verwinkelten Anbau.
Sucre 217
Tel. (02) 228 77 58
www.sanfranciscodequito.com.ec *32 Zi.* €

(c 1) **Villa Colonna**
Kolonialbau mit intimer Atmosphäre. Geschmackvolle Einrichtung, viele Kunstwerke, Teatime-Ambiente. Opulentes Frühstück auf der Aussichtsterrasse mit Altstadt-Rundumblick.
Benalcázar 1128
Tel. (02) 295 58 05
www.villacolonna.ec
6 Zi. €€€

Preiskategorien

Alle Adressen im Info-Magazin sind MERIAN-Empfehlungen. Preiskategorien Hotels: Der Preis für ein Doppelzimmer mit Frühstück liegt bei:
Einfach: € unter 60 €
Erschwinglich: €€ 60 € bis 120 €
Gehoben: €€€ 120 € bis 250 €
Luxus: €€€€ über 250 €

QUITO Neustadt

(h 2/3) **Casa Aliso**
Klassischer Kolonialstil: alte Möbel, herrliche Waschtische aus bemaltem Porzellan und schöne Holzdielen. Zwei Erdgeschosszimmer haben einen eigenen Garten. Der Service ist besonders liebevoll: Jeden Abend liegt ein exquisites, hausgemachtes Betthupferl im Zimmer bereit.
Francisco Salazar y Toledo
Tel. (02) 252 80 62
www.casaliso.com
10 Zi. € €€

(g 2) **Mansión del Angel**
Engelhaftes Ambiente: plüschiges Mobiliar, traumhafte Himmelbetten, pastellfarbene Wände und trillernde Kanarienvögel im sonnendurchfluteten Wintergarten, in dem auch gefrühstückt wird. Mitten im Ausgehviertel La Mariscal.
Wilson E5-29
Tel. (02) 255 77 21
www.larc1.com/ecuador/angel
11 Zi. €€

CUENCA

(c 6) **Hotel Crespo**
Altstadt-Hotel mit großer Terrasse in bester Lage am Nordufer des Tomebamba mit tollem Blick auf den Fluss. Auf der Webseite kann man sich durch Fotos von allen Zimmern des Hauses klicken.
Calle Larga 7-93
Tel. (07) 284 25 71
www.hotelcrespo.com
40 Zi. €€

(b 4) **Mansión de Alcázar**
Republikanische Mansion mit Salon im Stil des späten 19. Jhs. Überdachter Patio mit Brunnen und Blumengestecken. Verspielte Details. Besonders schön sind die Suiten Sirena und Royal.
Bolívar 12-55
Tel. (07) 282 39 18
www.mansionalcazar.com
14 Zi. €€€

ANDEN

(C 4) Baños
Finca Chamanapamba
Märchenhaftes Baukunstwerk aus Holz, terrassenförmig angelegt, mitten in der Natur. Blick ins Tal und auf die Bergrücken über der Pastaza-Schlucht. Großer Garten mit Avocado- und Mandarinenbäumen, die nach dem Mondkalender gepflanzt wurden. Besonders aufmerksamer Service der deutschen Besitzer Regine und Dietrich, die ihre Gäste in „Regines Café Aleman" auch liebevoll bekochen.
1 km von Ulba
Tel. (03) 274 26 71
www.chamanapamba.com
3 Zi. €€

(C/D 2) La Esperanza
Casa Aída
Romantische Gartenpension, etwas puritanisch. Gemeinschaftsbäder, Hausmannskost und die Herzlichkeit von Doña Aida. Gute Basis für Höhenwanderungen auf den Imbabura (4609 m) und zur Cubilche-Kraterlagune.
An der Straße Ibarra – Zuleta
Tel. (06) 266 02 21 *18 Zi.* €

(C 2) Mindo
El Descanso
Rustikales Holzhaus mit Hängematten-Veranda und hübschem subtropischen Garten. Hunderte von Kolibris umschwirren aufgehängte Nektartrichter. Angeboten werden Touren für Birdwatcher.
Tel. (02) 390 04 43
www.eldescanso.net, *5 Zi.* €

(D 3) Papallacta
Posada de las Termas
Wellness über den Wolken. Bungalows mit Reetdach auf 3400 Metern Höhe inmitten von Bergriesen, Kuhweiden und Kolibri-Bäumen. Nachts kann man im privaten Thermalpool ein Gläschen Sekt schlürfen. Schönes Spa.
1 km von der Interoceánica
Tel. (06) 232 06 21
www.termaspapallacta.com
32 Zi. €€

(C 4) Riobamba
Hostería Abraspungo
Komfortables Landgasthaus im Rancho-Stil. Das Frühstück wird ab 5 Uhr serviert, so dass niemand hungrig in den Zug zur Teufelsnase steigt.
bei km 3 in Richtung Guano
Tel. (03) 294 42 99
www.abraspungo.com.ec
44 Zi. €€

(C 7) Vilcabamba
Hostería Izhcayluma
Eines der besten Backpacker-Hotels Ecuadors außerhalb des Ortes auf einer aussichtsreichen Anhöhe. Cabañas mit Hängematten auf den Veranden, Panorama-Restaurant, Pool, Garten und Mini-Spa.
An der Straße nach Yangana
Tel. (07) 264 00 95
www.izhcayluma.com, *17 Zi.* €

AMAZONAS

(D 3) Misahuallí
Guest House France Amazonía
Liebevolles Refugium am Rande des Dschungels: Rustikale Zimmer rund um einen blühenden Garten, schattige Nischen, Pool und Hängematten-Terrasse mit Blick auf den Río Napo.
Tel. (06) 289 00 09
www.france-amazonia.com
16 Zi. €

(D 3) Río Arajuno
Liana Lodge
Idyllisch einfache Cabañas mit Spül-WC, Dusche, Hängematten-Veranda an urwüchsigem Ufer nahe der Mündung des Río Arajuno in den Río Napo. Kein elektrisches Licht, dafür spielen die Dschungelsymphoniker und Äffchen flitzen übers Gebälk.
Tel. (099) 80 04 63
www.selvaviva.ec, *15 Zi.* €€
inkl. Vollpension und Programm

(E 3) Río Napo
Sani Lodge
Cabañas an der Challuacocha-Lagune, im Besitz von Kichwa-Indianern. Im Regenwald ist eine reiche Flora und Fauna zu entdecken. Auch Frosch-, Fledermaus- und Insektenliebhaber (viele Schmetterlinge!) kommen auf ihre Kosten. Manchmal zeigen sich Flussdelfine, Kaimane und Anakondas. Fundierte Naturführungen.
100 km von Coca flussabwärts
Tel. (02) 255 88 81
www.sanilodge.com
10 Zi. €€€€
inkl. Vollpension, Programm und Transfer ab/bis Quito

COSTA

(A 4) Ayampe
Hostería Atamari
Zweier-Cabañas auf einem Felsvorsprung über dem brandenden Pazifik. Viele Seevögel, spektakuläres Panorama über die Bucht von Ayampe und die Felszacken der „Erhängten".
Ruta del Sol zwischen La Entrada und Ayampe
Tel. (04) 278 04 30
www.resortatamari.com
11 Zi. €€

(B 4) Guayaquil
Grand Hotel Guayaquil
Wenige Schritte vom Parque Seminario entfernt. Die besten Zimmer befinden sich im 4. Stock (gerade Nummern!). Pool mit Stachelpalmen. Reichhaltiges Frühstücksbüfett in der hübschen Cafeteria.
Boyacá y Ballén
Tel. (04) 232 96 90
www.grandhotelguayaquil.com *180 Zi.* €€

Hotel Fontana
Zentral gelegenes Schmuckstück im republikanischen Bistro-Stil mit cremefarbenen Polstermöbeln.
Icaza 404 y Córdoba
Tel. (04) 230 39 67 *25 Zi.* €

Iguanazú
Landhaus am Rande eines Naturreservats, dennoch stadtnah, nicht weit vom Restaurant-Viertel La Urdesa. Pool, Liegewiese, Terrasse.
Ciudadela La Cobra
Av. Arosemena Km 3,5
Tel. (04) 220 11 43
www.iguanazuhostel.com
6 Zi. €

(B 2/3) Jama
Guesthouse Punta Prieta
Einfache Cabañas auf einer 27 Meter hohen Klippe über der Pazifikbrandung. Besonders schön sind die Hütten Sol und Luna. Pelikane und Fregattvögel fliegen vorbei und begutachten das Frühstück der Gäste auf der Veranda. Einsamer Sandstrand.
Ruta del Sol zwischen Jama und Pedernales
Tel. (093) 42 38 11
www.puntaprieta.com
10 Zi. €

(B 2) Mompiche
Cabañas Las Pigualas
Meeresrauschen, Mangroven und Einsamkeit: rustikale Hütten am Sandstrand. Die Anlage liegt in einem tropischen Garten. Kajaktouren und Bodysurfen möglich. Bei Flut ist das Dorf nur zu Fuß erreichbar.
Tel. (099) 47 24 58
www.playa-ecuador.com
6 Zi. €

(A 4) Puerto López
Mantaraya Lodge
Eine kleine Oase mit vielen liebenswerten Details zum Wohlfühlen. Die frischen und intensiven Farben der Lodge erinnern ans Mittelmeer. Der Service ist angenehm, die Küche gut. Idealer Ausgangspunkt für Ausflüge nach Agua Blanca, Playa de los Frailes, Isla de la Plata, Puerto Lopez und den Machalilla Nationalpark.
Via Salango
Tel. (05) 230 02 33
www.mantarayalodge.com
37 Zi. €

(A 4) Puerto Rico
Hostería Alandaluz
Zertifiziertes Ökohotel. Gewagte, kathedralengleiche Bambuskonstruktionen mit Palmstrohdächern. Der Gast hat die Wahl: märchenhafte Suiten mit Meerblick-Balkonen oder einfache Hütten mit Plumpsklo. Tropischer Garten, schöner Strand, leckeres Essen und netter Service.
Ruta del Sol zwischen Ayampe und Salango
Tel. (04) 278 06 90
www.alandaluz.com *37 Zi.* €

GALAPAGOS

(g 5) Puerto Ayora / Santa Cruz
Red Mangrove Adventure Inn
Genießerhotel mit karibischem Flair, versteckt in einem Mangrovenwäldchen am Ufer der Academy Bay. Kajak- und Mountainbike-Verleih, Reiten.
Av. Charles Darwin
Tel. (05) 252 65 64
www.redmangrove.com
12 Zi. €€€

(g 5) Puerto Villamil / Isabela
Casa de Marita
Vom Bett aus barfuß ins Meer. Intimes Aussichtsrestaurant unter rauschenden Palmen. Das beste Hotel auf der Insel, besonders aufmerksamer Service. Pferdeausflüge ins Hochland möglich.
Tel. (05) 252 92 38
www.galapagosisabela.com
19 Zi. €€

MERIAN | LOGIEREN AUF DEM LAND

Zeitreise im Schlaf

Wohnen wie ein Gutsbesitzer. Die schönsten Haciendas liegen entlang der Straße der Vulkane

Meterdicke Lehmwände, dunkle Dielen, schwere Vorhänge, Himmelbetten und Bauernschränke. Dazu lichtdurchflutete Patios mit plätschernden Brunnen und blumenumrankten Arkadengängen, die in feudale Speisesäle mit offenem Kamin und silbernem Besteck führen: Auf einer historischen Hacienda zu übernachten, ist wie eine Zeitreise in die Ära der kolonialen Gutsbesitzer – eine Zeitreise, die sich kein Ecuador-Reisender entgehen lassen sollte. Die schönsten Höfe liegen entlang der **Avenida de los Volcanos**, manche befinden sich seit Jahrhunderten in Familienbesitz. Die einst reichen Großgrundbesitzer mussten jedoch im Zuge von Enteignungen und Landreformen starke territoriale Einbußen hinnehmen, so dass die Landwirtschaft meist nicht mehr rentabel ist. Oft ist die einzige Möglichkeit, die Güter zu erhalten, die Vermietung an Touristen. Für den Aufenthalt auf einer Hacienda sollte man genügend Zeit und Muße einplanen. Es wäre schade, nur eine Nacht zwischen zwei anstrengenden Reisetagen zu buchen, an denen man spät abends an- und frühmorgens abreist. Auf allen Haciendas laden blühende Gärten mit Schatten spendenden Palmen und Araukarien zu sinnlichen Spaziergängen ein, auf denen man Kolibris und Schmetterlinge beobachten kann. Ein ganz besonderes Erlebnis sind Reitausflüge, die ein paar Stunden, den ganzen Tag oder sogar mehrere Tage von Hacienda zu Hacienda (vgl. Info-Seite „Aktiv“) dauern können.

PANAMERICANA NORD

(C 2) Cotacachi
Le Mirage
Einziges ecuadorianisches Haus der noblen Kette Relais & Chateau. Fürstliche Bungalow-Suiten mit duftenden Rosenblüten auf riesigen Himmelbetten. Traumhaftes Spa. Nette Geste: Im Speisesaal wird jedem Gast sein Landesfähnchen auf den Platz gestellt.
Tel. (06) 291 52 37
www.mirage.com.ec
24 Zi. €€€€

(C 2) Otavalo
Pinsaquí
Das Anwesen von 1790 hat ein heiteres Flair – wahrscheinlich, weil hier keine finsteren Heiligen von den Wänden herab auf die Gäste schauen. Südamerikas Befreier Simón Bolívar ruhte sich im Zimmer Nr. 1 von seinen langen, anstrengenden Reisen aus. Imposante Gärten mit Palmen, Pfauen und Pferden.
Tel. (06) 294 61 16
www.haciendapinsaqui.com
27 Zi. €€

(C 2) San Pablo del Lago
Cusín
Ehemaliges Klostergut aus dem Jahre 1602. Gärten mit Bäumen, in denen Hunderte von Kolibris leben. Dicke Lehmwände, schachtartige Fenster und alte Bauernschränke.
Tel. (06) 291 80 13
www.haciendacusin.com
40 Zi. €€€

(D 2) Zuleta
Zuleta
1691 von den Jesuiten erbaut. Gediegene Bauernzimmer, in denen schon Präsidenten schliefen. Käserei, Stickerei, Baumschule, biologische Obst- und Gemüsegärten, Forellenfarm, Kondor-Aufzuchtprogramm und edle Reitpferde.
Tel. (06) 266 21 82
www.zuleta.com *9 Zi.* €€€€

PANAMERICANA SÜD

(C 3) Aloag
La Alegría
Hof von 1911 mit Landwirtschaft, frischer Milch und deftigen Bauernmahlzeiten. Urige Zimmer, Vulkansteinportale und wurmstichige Holztore. Ideal für Pferdenarren.
Tel. (099) 80 25 26
www.haciendalaalegria.com
7 Zi. €€

(C 3) Amaguaña
Chillo Jíjon
Mondäner Gutshof von 1730 etwa 40 Minuten südlich von Quito gelegen. Barockes Jagdschloss-Interieur mit großen Kronleuchtern. Riesiger Lustwandelgarten mit schattigen Bäumen, Palmen und Steinbänken.
Tel. (02) 233 16 32
www.hacienda-ecuador.com
10 Zi. €€€€

(C 3) Lasso
La Ciénega
Die Ländereien des 300 Jahre alten Anwesens reichten einst von Quito bis Ambato. Prominentester Gast war Alexander von Humboldt, die Möblierung seines Zimmers wurde nicht verändert. Mondäne Auffahrt mit Eukalyptus-Bäumen. Hübscher Patio samt Brunnen.
Tel. (03) 271 90 52
www.hosterialacienega.com
35 Zi. €€

(C 3) Mulaló
Hato Verde
100 Jahre altes Gut im Schatten des Cotopaxi. Butzenscheiben, acht Zimmer im bäuerlichen Stil mit Kaminen und Gänsefederkissen. Familiäres Ambiente.
Tel. (03) 271 93 48
www.haciendahatoverde.com
8 Zi. €€

San Augustín de Callo
Über einem Sonnentempel der Inka errichtete Hacienda, an einigen Stellen sind die originalen, fugenlosen Steinwände erhalten. Farbenfrohes, gemütliches Interieur. Reitausflüge Richtung Cotopaxi.
Tel. (03) 271 91 60
www.incahacienda.com
11 Zi. €€€

(C 3) Sangolquí
La Carriona
200 Jahre altes Anwesen mit original spanischem Kreuzhof. Speisesaal im Getreidespeicher, temperierter Pool, Whirlpool, Sauna, Dampfbad.
Tel. (02) 233 20 04
www.lacarriona.com
30 Zi. €€

ustikal und äußerst elegant: e Hacienda Cusín, ein 1emaliges Klostergut, an der anamericana Norte

Birdwatching

Über 1600 Vogelarten leben in Ecuador, das ist etwa die Hälfte aller in Südamerika und ein Fünftel aller weltweit vorkommenden Arten. Vogelliebhaber aus der ganzen Welt kommen vor allem in die subtropischen Nebelwälder nordwestlich von Quito. Entlang der verkehrsfreien Straße *Eco Ruta Paseo del Quinde*, vom Andendörfchen Nono ins Tal von Tandayapa bis nach Mindo (C 2), liegen mehrere Lodges, die spezielle Wanderungen und mehrtägige Touren für Birdwatcher anbieten. Die Führer sind sehr fachkundig. Ferngläser werden meist verliehen.

www.eldescanso.net
www.mindobirds.com.ec
www.pachijalreserve.com
www.maqui.org
www.santaluciaecuador.com
www.bellavistacloudforest.com
www.reservaloscedros.org
Tagestouren zwischen 40 € und 140 €

Canopy-Ritt

Wie Tarzan von Baum zu Baum schwingen? Wird in Ecuador an vielen Orten angeboten und heißt Canopy: Zwischen den Bäumen sind Drahtseile befestigt, man steigt in einen Gurt und gleitet auf Rollen höllisch schnell immer weiter – Schwindelfreiheit ist die absolute Voraussetzung! Ein Riesenspaß. Und Fauna und Flora lassen sich aus der Vogelperspektive ungleich besser beobachten! **Die mit zwei Kilometern längste Zip-Line liegt 65 km westlich von Quito bei Nanegalito (C 2)**

Tel. (084) 79 89 86
www.tucanopy.com
pro Fahrt 12 €

Gleitschirmfliegen

Wie ein Pelikan von der Klippe abheben, eine Schleife über den Ozean ziehen und später auf dem Sandstrand landen. Optimale Bedingungen zum Gleitschirmfliegen am Pazifik bieten die Klippen und der Strand von Canoa. (A 3)

Tel. (085) 19 85 07
www.flycanoa.com
Tandem- oder Soloflug 25 €
Anfängerkurs inkl. Hotel (1 Woche) 300 €

Mountain Biking

Beliebt sind Rad-Abfahrten vom Cotopaxi (C 3), vom Chimborazo (C 4) oder von Quito (C 2/3) aus in die Wolken- und Nebelwälder. Es gibt Tages- oder mehrtägige Touren, bei denen längere Strecken zwischendurch und bergauf im Auto zurückgelegt werden. Bei den Radstrecken fährt ein Begleiterteam im Jeep hinterher, um im Notfall zu helfen.

Tel. (02) 256 83 23
www.bikingdutchman.com
Tagestour 35 €, 5-Tages-Tour ab 340 €, inkl. Equipment und Übernachtung

Nichts für schwache Nerven: Seilbahn über den Río Pastaza

Reiten

Das Panorama von Sierra, Vulkanen, Bergen oder Urwäldern lässt sich kaum besser erleben als auf dem Pferderücken. Dafür muss man nicht einmal richtig reiten können, denn viele Ställe haben gutmütige, anfängerfreundliche Pferde. Natürlich gibt es auf vielen Landgütern auch Reitkurse, zum Beispiel auf Shungu Huasi bei Cayambe (C/D 2). Für richtige Reiter bietet die Hacienda La Alegría (C 3) eine besondere Tour: Neun Tage entlang der Straße der Vulkane von Hacienda zu Hacienda.

Tel. (02) 236 18 47
www.shunguhuasi.com
Intensivkurs (3 Tage) 240 € inkl. Übernachtung
Tel. (099) 80 25 26
www.haciendalaalegria.com
9-Tages-Tour: 1350 € inkl. Übernachtung

Rafting & Kayaking

Wildwasserfahrten auf strömungsstarken Flüssen inmitten von Bergurwäldern und schroffen Canyons zu Füßen der West- und Ost-Anden. Anfängerfreundliche Tagestouren werden auf dem Río Toachi, Río Blanco (C 2) und dem Río Jatunyacu (D 3) angeboten. Eine Herausforderung ist Whitewater-Rafting auf den wilden Flüssen Río Misahuallí und Río Quíjos (D 2/3) am Rande des Amazonasbeckens.

Tel. (02) 290 40 54
www.yacuamu.com
Tagestouren ab 50 €

Wandern

Eine schöne Höhenwanderung für Einsteiger führt in fünf Stunden um die Kraterlagune Cuicocha (C 2). Von dort hat man eine großartige Sicht auf die nördliche Straße der Vulkane.

Tel. (06) 292 59 85
www.runatupari.com
20 €, inkl. Fahrt ab/bis Otavalo

Eine dreitägige Wanderung für erfahrenere Wanderer führt im Reservat El Angel (D 2) durch Polylepis-Wäldchen und das abgelegene Dörfchen Morán hinunter in den Nebelwald von Las Golondrinas. Maultiere tragen das Gepäck, geschlafen wird in Hütten.

Tel. (06) 264 86 92
www.bospas.org
3 Tages-Tour, inkl. Gepäcktransport (per Maultier) und Übernachtung in einfachen Unterkünften, ab 150 €

Sportlichen Wanderern sei der Nationalpark El Cajas empfohlen. Auf Höhen um die 4000 Meter geht es in drei Tagen über schroffe Sättel und zwischen Felskuppen zu Polylepis-Wäldern und stillen Lagunen, wo im Zelt übernachtet wird.

Tel. (07) 282 37 82
www.terradiversa.com
3-Tages-Tour, inkl. Equipment Verpflegung und Transport ab/bis Cuenca, 250 €

MERIAN | KULINARIK

Suppenkasper-Land

Abenteuer auf der Speisekarte: Von Meerschwein über Blutsuppe bis Kochbananen gibt es alles

So unterschiedlich wie Ecuadors Landschaften sind auch die regionalen Küchen an der Küste, im Hochland und im Amazonas-Tiefland.

Größtes Erstaunen unter Touristen rufen in den Anden die über offener Glut gegrillten Meerschweinchen (*cuy*) hervor. Berühmt ist das Hochland außerdem für Kartoffeln (*papas*) und Mais. Daraus bestehen zum Beispiel *humitas* und *tamales*, Speisen aus in Blätter gewickeltem Teig mit Eiern oder Fleisch.

Ecuador ist ein Suppenland. Populär ist die Hühnerbrühe *caldo de gallina*, sehr schmackhaft ist *locro de queso*, eine Kartoffelsuppe mit Mais, Zwiebeln, Käse und Avocado. Deftig ist Schweinshaxen-*caldo* mit Erdnusssoße und Koriander, sehr speziell *yaguarlocro,* die Suppe mit Blut und Innereien. Zur Osterzeit wird die dickflüssige *fanesca* serviert, sie besteht aus Kochbananen, Trockenfisch und bis zu zwölf Sorten Hülsenfrüchten. An der Küste gibt es Fisch- und Meeresfrüchtesuppen – als dünnflüssige *sopa marinera* oder reichhaltigere *chupé de pescado* mit Maniok, Tomaten und Erdnuss.

Ein wahres Nationalgericht ist *ceviche*, ein Fisch-, Krabben- oder Meeresfrüchtecocktail mit Essig, Öl, Zitrone oder Orangensaft mariniert und mit Tomaten, Zwiebeln und Kräutern angemacht.

Dutzende von Gerichten basieren auf sage und schreibe zwölf Bananenarten. Die beliebtesten sind Bananenchips (*chifles*) und -puffer (*patacones*) sowie käsegefüllte Bananenknödel (*bolón de verde*). Sie werden nicht aus den gelben Obstbananen gefertigt, sondern aus grünen, schwer zu schälenden Kochbananen. Im Oriente wird neben Kochbananen sehr viel *yuca* (Maniok) gegessen, frittiert, gebraten oder in der Suppe gekocht.

Ecuador ist kein Land für Liebhaber saftiger Steaks. Ein typisches Fleischgericht ist *churrasco*, ein Riesenlappen (zähes) Rindfleisch, mit Reis, Pommes, Spiegeleiern, Zwiebeln und Avocado. Köstlich ist *seco de chivo*, eine Art Lammgulasch – als *seco de pollo* gibt es ihn auch mit Hühnchen. Gewürzt wird mit *Ají*, einer scharfen Soße aus Chili, Baumtomaten und Koriander.

Faszinierend ist die Vielfalt tropischer Früchte auf den Märkten: Es gibt riesige Maracujas und Ananas, saftige Papayas, zuckersüße Mangos und zahlreiche Früchte, die in Europa kaum bekannt sind, zum Beispiel die Kaktusfeige *pitahaya*, die Baummelone *babaco* (schmeckt wie eine Mischung aus Erdbeere und Orange) oder *tomate de árbol* (Tamarillo), die säuerliche Baumtomate.

QUITO Altstadt

(c 2) **Cueva del Oso**
Ambiente mit Original-Stuck im republikanischen Stil im überdachten Patio. Feine ecuadorianische Küche, Spezialität: die mit heißen Flusssteinen erhitzte *sopa de piedra*.
Chile y Venezuela
Tel. (02) 258 38 26
Mo-Sa 12.30-0.30 Uhr
So 12.30-16 Uhr €€

(d 2) **Escondite de Cantuña**
Am Itchimbia-Hügel, minimalistisch gestaltet. Toller Blick auf die Altstadt und das Pichincha-Massiv, spektakulär bei Sonnenuntergang. Internationale und nationale Küche.
Samaniego y Antepara
Tel. (02) 258 30 05
Mo-Sa 16.30-23 Uhr €€

(c 2) **Mea Culpa**
Internationales Restaurant mit ecuadorianischem Touch im ersten Stock des Erzbischöflichen Palastes mit Blick auf die Plaza Grande. Schweres Dekor aus dem 19. Jahrhundert.
Plaza Grande/Chile y Venezuela
www.meaculpa.com.ec
Tel. (02) 295 11 90
Mo-Fr 12.30-20 Uhr
Sa 18-23 Uhr €€€

(b 3) **Pim's**
Unterhalb der Jungfrau auf dem Panecillo-Hügel mit Altstadtblick. Gute Fleischgerichte, z. B. *fritada*, am beliebtesten ist der Hamburger.
Melchor Aymerich
Tel. (02) 317 08 78
Mo-Sa 12-24, So 12-18 Uhr
€€

(c 1/2) **Theatrum**
Quitos bestes Restaurant: Mediterrane Avantgarde-Küche und feinste Kräuter im edlen Stadttheater-Ambiente. Ob Meeresfrüchte, Fisch oder Fleisch, alles schmeckt toll. 150 verschiedene Weine.
Teatro Sucre Calle Manabí
Tel. (02) 257 10 11
www.theatrum.com.ec
Mo-Fr, So 12.30-16, 19-23.30
Sa 19-23.30 Uhr €€€

QUITO Neustadt

(f 1) **Café Colibri**
Kolibris umschwirren den größten Flaschenputzerbaum Quitos. Gutes Frühstück und gegen Heimweh: Gulasch mit Spätzle.
Joaquín Pinto y Cordero
Tel. (02) 256 40 11
tgl. 8-18.30 Uhr €

(g 2) **Malabar**
Saftiges Fleisch vom Grill und tolles Salatbüfett in einem unscheinbaren Lokal im Ausgehviertel La Mariscal nahe der Plaza Foch mit all ihren Restaurants und Kneipen.
Calama y Reina Victoria
Tel. (02) 222 46 93
Mo-Sa 12.30-1 Uhr
So 12.30-19 Uhr €€

(g 2) **Mare Nostrum**
Fisch und Meeresfrüchte in drei unterschiedlich dekorierten Räumen von republikanisch bis minimalistisch. Spezialität ist eine bombastische Meeresfrüchte-Pfanne vom Grill.
Tamayo y Foch
Tel. (02) 252 86 86
tgl. 12-16, 19-22.30 Uhr €€€

(h 1) **Zazu**
Fusion-Küche à la ecuatoriana: Walnusshühnchen, Schwertfisch mit Bananen oder *lomo criollo* mit *yuca* und Gruyère. Exquisite Weinkarte.
Mariano Aguilera 331
Tel. (02) 254 35 59
www.zazuquito.com
Mo-Fr 12.30-23 Uhr
Sa 19.30-23 Uhr €€€

**ftig-süße Papayas, so groß wie
ıssermelonen, Bananen, Kochbananen
d Maracujas verkauft Betsi Pairaga
ihrem Obstladen südlich von Jipijapa**

CUENCA

(c 6) **El Jordán**
Am Nordufer des Río Tomebamba. Farbenfrohes Dekor wie aus 1001 Nacht mit vielen Ornamenten. Arabische und internationale Küche.
Calle Larga 61-11
Tel. (07) 285 05 17
www.eljordanrestaurante.com
tgl. 10-24 Uhr €€

(b 4) **Villa Rosa**
Republikanische Dekoration, ecuadorianische und internationale Küche, ein Klassiker mitten in der Altstadt.
Gran Colombia 12-22
Tel. (07) 283 79 44
Mo-Fr 12-15 Uhr
19-22.30 Uhr €€

ANDEN

(C 4) Baños
Le Petit Restaurant
Versteckt in einem hübschen, subtropischen Garten. Bauernstuben-Flair mit Schilfgras-Tapeten und französisch beeinflusste Küche. Sehr gut: Salate, Crêpes, Forellen und Fondues.
16 de Diciembre 240 y Montalvo
www.lepetit.banios.com
Tel. (03) 274 09 36
Di-So 12-15, 18-22 Uhr €€

(C 3) Machachi
Café de la Vaca
In einem ehemaligen Stall wurde ein schwarz-weiß geflecktes Restaurant eingerichtet, und natürlich dreht sich auch kulinarisch alles um die Kuh.
Panamericana Km 41
Tel. (02) 231 50 12
tgl. 8-17.30 Uhr €

(C 2) Mindo
El Nomada
Italienisches in rustikalem Ambiente. Besonders gelobt wird die Lasagne. Nebenan in der Bar gibt es tolle Cocktails.
Aguirre y Solanda
tgl. ab 12 Uhr €

(C 2) Nono
El Bife
Kleine, feine Wirtschaft an der Ökoroute „Paseo del Quinde" auf dem Weg von Quito in den subtropischen Noroccidente. Weit und breit das einzige Restaurant – und der Stopp lohnt.
Tel. (02) 278 61 46
Sa, So ab 12 Uhr €

(C 2) Otavalo
Ali Shungu
Eine Seltenheit in Ecuador: Köstliche vegetarische Gerichte, organisches Gemüse, aber auch: saftiges Roastbeef, raffinierte Curries, geräucherte Forelle, Käse- und Karottenkuchen. Das einzige Gourmet-Lokal downtown.
Calle Quito y M. Egas
Tel. (06) 292 07 50
www.alishungu.com
tgl. 11-20.30 Uhr €€

Restaurante Cabañas del Lago
Direkt am Lago San Pablo, mit Blick auf den 4690 m hohen Imbabura. Spezialität Forelle. Von Quito kommend am linken Seeufer nach halber Seelänge rechts abbiegen.
Lago San Pablo
Tel. (06) 291 81 08
tgl. 12-21 Uhr €€

(C 4) Riobamba
Bonny
Typische Andenkost: Gebratenes Meerschwein (*cuy*), gegrilltes Lamm (*asado de borrego*) und geräucherte Forelle (*trucha ahumada*). Aber auch: Wiener Schnitzel (*apanado*). Große Portionen.
Villaroel y Almagro
Tel. (03) 296 44 26 *Di-Sa 10-21*
So, Mo 10-16 Uhr €

La Abuela Rosa
Heilkräutertees und Hochland-Häppchen à la Hausmacher: Tortillas und Kochbananenknödel (*bolones*) im großmütterlichen Landhaus-Ambiente.
Brasil 37-57
Tel. (03) 294 58 88
Di-Sa 17-21.30 Uhr €

COSTA

(A/B 3) Bahía de Caráquez
Puerto Amistad
Ein Hafenkai wurde zum Freiluftlokal. Treffpunkt von Weltumseglern, Touristen und Einheimischen. Steaks, Meeresfrüchte, Salate, Cocktails.
Malecón A. Santos
Tel. (05) 269 31 12
www.puertoamistadecuador.com
Mo-Sa 16-24 Uhr €

(B 4) Guayaquil
Artur's Café
Cocktails zu Regionaltypischem wie *guatita* (Kalbsinnereien), Suppen und Bananenknödel (*bolones*) bei frischer Brise und Flussblick. Mitunter Livemusik.
Numa Pompillo Llona 127
Tel. (04) 231 22 30
Mo-Do 18-02 Uhr
Fr, Sa 18-03.30 Uhr €

Blu
Mediterrane Küche mit Tunfisch-Schwerpunkt. Lecker sind auch Muscheln vom Grill und Rinderlende mit Trüffelsoße.
Víctor Emilio Estrada 701 y Ficus
Tel. (04) 288 49 54
Mo-Sa 13-16, 19-24 Uhr
Sa 19-24 Uhr €€

Caracol Azul
Gourmet-Institution in Sachen Meeresfrüchte, Fisch und Shrimps (*camarónes*). Lecker: die hausgemachte Paella.
9 de Octubre 1918 y Los Ríos
Tel. (04) 228 04 61
Mo-Sa 12-15.30, 19-24 Uhr
€€€

Lo Nuestro
Große Auswahl an regionalen Fleisch- und vor allem Fischgerichten, z. B. *corvina apanado con verde* – panierter Adlerfisch mit Kochbananen. Freitag und Sonntag Livemusik.
Víctor Emilio Estrada 903 y Higueras
Tel. (04) 238 63 98
Mo-Do 12-15.30, 19-24 Uhr
Fr-So 12-24 Uhr €€

Paprika
Libanesisch-mediterrane Küche, orientalisches Ambiente, donnerstags Bauchtanz. Eine Spezialität ist *cordero a la mamá*, Lamm mit Trockenfrüchten, Datteln und Nüssen und zum Nachtisch Sesamcreme mit Pistaziensoße.
Francisco Boloña 715
Tel. (04) 263 88 00
Di-So 13-16, 18-01 Uhr €€

(A 4) Puerto López
Bellitalia
Ausgezeichnete Nudelgerichte – speziell *pasta al horno* (aus dem Ofen) und Meeresfrüchte. Relaxtes südländisches Ambiente, versteckt gelegen.
Montalvo y Calderón
Tel. (096) 29 66 34
Mo-Sa ab 18 Uhr €

(A 4) Salango
Mi Delfín Mágico
Über die Provinzgrenzen hinaus bekanntes Bambuslokal eines ortsansässigen Ehepaares, das sehr gut Fisch und Meeresfrüchte zubereitet. Hier gibt es das seltene Fleisch der Spondylusmuschel.
schräg gegenüber der Dorfkirche
tgl. 8-20 Uhr €€

GALAPAGOS

(g 5) Puerto Ayora / Santa Cruz
Angermeyer Point
Freiluftlokal an einer Landspitze des Hafenbeckens von Puerto Ayora. Auf Augenhöhe mit den schicken Yachten. Nur per Bootstaxi zu erreichen.
Academy Bay
Tel. (05) 252 70 07
Mo-Fr 17-23 Uhr
So 12-23 Uhr €€

The Rock
Internationales, Vegetarisches und Cocktails. An den Wänden aus Vulkangestein hängen viele alte Fotos. Meist gut besucht.
Av. Charles Darwin y Islas Plazas
Tel. (05) 252 75 05
tgl. 9-13, 16-01 Uhr €

Preiskategorien

Alle Adressen im Info-Magazin sind MERIAN-Empfehlungen. Der Preis für ein Hauptgericht liegt bei:
€ unter 7 €
€€ bis 14 €
€€€ über 14 €

Guayaquil – eine heiße Metropole

Ecuadors größte Stadt hat keinen besonders guten Ruf. Sie ist heiß und laut, und der Straßenverkehr fließt absolut chaotisch. Trotzdem kann man in der Stadt am Río Guayas durchaus ein paar schöne und erlebnisreiche Tage verbringen, denn die Hafen- und Wirtschaftsmetropole mit knapp drei Millionen Einwohnern hat sehr hübsche Ecken

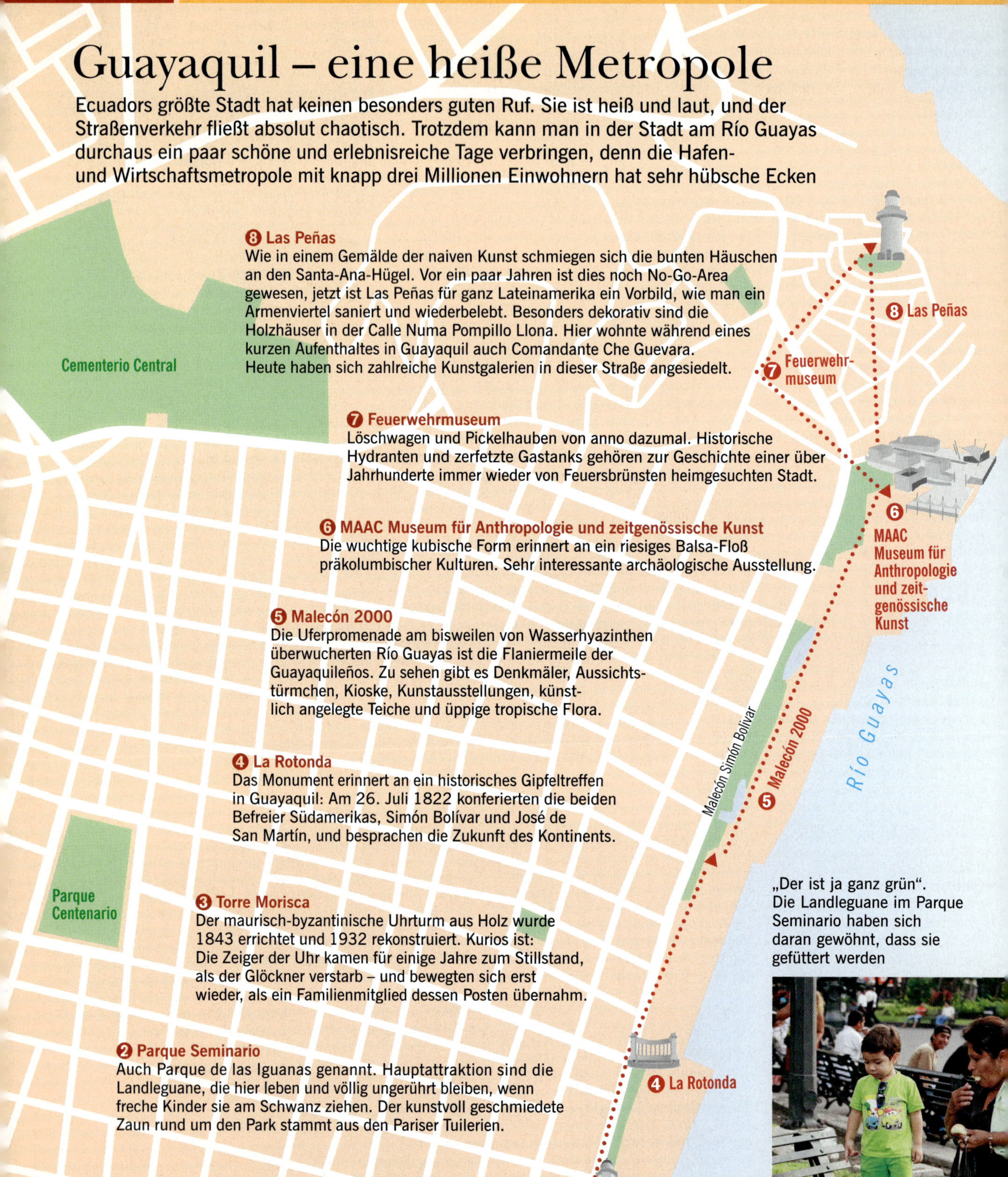

8 Las Peñas
Wie in einem Gemälde der naiven Kunst schmiegen sich die bunten Häuschen an den Santa-Ana-Hügel. Vor ein paar Jahren ist dies noch No-Go-Area gewesen, jetzt ist Las Peñas für ganz Lateinamerika ein Vorbild, wie man ein Armenviertel saniert und wiederbelebt. Besonders dekorativ sind die Holzhäuser in der Calle Numa Pompillo Llona. Hier wohnte während eines kurzen Aufenthaltes in Guayaquil auch Comandante Che Guevara. Heute haben sich zahlreiche Kunstgalerien in dieser Straße angesiedelt.

7 Feuerwehrmuseum
Löschwagen und Pickelhauben von anno dazumal. Historische Hydranten und zerfetzte Gastanks gehören zur Geschichte einer über Jahrhunderte immer wieder von Feuersbrünsten heimgesuchten Stadt.

6 MAAC Museum für Anthropologie und zeitgenössische Kunst
Die wuchtige kubische Form erinnert an ein riesiges Balsa-Floß präkolumbischer Kulturen. Sehr interessante archäologische Ausstellung.

5 Malecón 2000
Die Uferpromenade am bisweilen von Wasserhyazinthen überwucherten Río Guayas ist die Flaniermeile der Guayaquileños. Zu sehen gibt es Denkmäler, Aussichtstürmchen, Kioske, Kunstausstellungen, künstlich angelegte Teiche und üppige tropische Flora.

4 La Rotonda
Das Monument erinnert an ein historisches Gipfeltreffen in Guayaquil: Am 26. Juli 1822 konferierten die beiden Befreier Südamerikas, Simón Bolívar und José de San Martín, und besprachen die Zukunft des Kontinents.

3 Torre Morisca
Der maurisch-byzantinische Uhrturm aus Holz wurde 1843 errichtet und 1932 rekonstruiert. Kurios ist: Die Zeiger der Uhr kamen für einige Jahre zum Stillstand, als der Glöckner verstarb – und bewegten sich erst wieder, als ein Familienmitglied dessen Posten übernahm.

2 Parque Seminario
Auch Parque de las Iguanas genannt. Hauptattraktion sind die Landleguane, die hier leben und völlig ungerührt bleiben, wenn freche Kinder sie am Schwanz ziehen. Der kunstvoll geschmiedete Zaun rund um den Park stammt aus den Pariser Tuilerien.

1 Kathedrale
Im neugotischen Stil der dreißiger Jahre. Die Marmorplatten für den Hauptaltar stammen aus dem südlichen Hochland.

„Der ist ja ganz grün". Die Landleguane im Parque Seminario haben sich daran gewöhnt, dass sie gefüttert werden

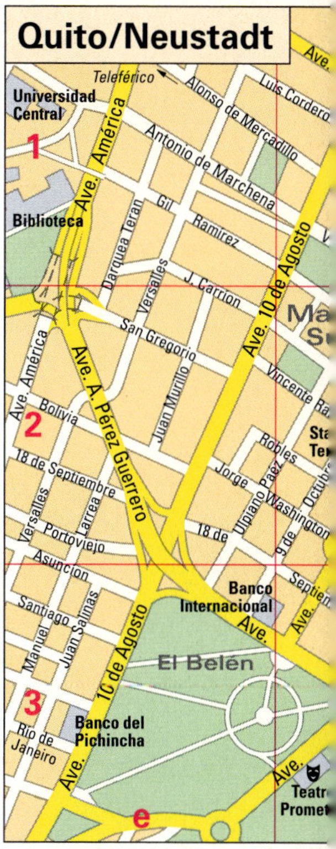

Orte und Sehenswertes

Faszinierender Blick aus dem All auf Ecuador: Tiefgrün erkennt man das Amazonas-Tiefland (rechts), durchzogen von breiten Wasseradern. Deutlich sichtbar sind auch die großen Vulkane Cayambe, Antisana, Cotopaxi, Chimborazo und Tungurahua. Von letzterem, der seit dem Jahr 1999 sehr aktiv ist, zieht eine Rauchwolke nach Südosten, die auf dem Satellitenbild klar erkennbar ist. Sehr gut sieht man auch die Versandung im Delta des Río Chone bei Bahía de Caráquez. Der Grund dafür ist die massive Abholzung von Mangrovenwäldern, an deren Stelle Shrimpsfarmen angelegt wurden

Guayaquil ist es dank effektiver Polizeiarbeit in den letzten Jahren jedoch wesentlich sicherer geworden. Abendliche Spaziergänge durch dunkle Gassen sollten vermieden werden. Teurer Schmuck bleibt besser zu Hause im Safe. Praktisch sind eingenähte Innentaschen für Dokumente, Schecks und Kreditkarten, sehr sinnvoll ist es, Pass und Flugtickets zu scannen und an die eigene Adresse zu mailen.

Botschaften & Konsulate

Botschaft der Bundesrepublik Deutschland
Av. Naciones Unidas E10-44 y República de El Salvador, Edificio Citiplaza, Quito
Tel. (02) 297 08 20
www.quito.diplo.de

Honorargeneralkonsulat der Republik Österreich
Gaspar Villaroel E9-53 y 6 de Diciembre, Quito
Tel. (02) 246 97 00

Schweizer Botschaft
Av. Amazonas 3617 y Juan Pablo Sanz, Edificio Xerox
Quito, Tel. (02) 243 49 48

Gesundheit

Empfehlenswert sind Impfungen gegen Hepatitis A, Tetanus und Diphterie, für intensive Regenwaldtouren auch gegen Gelbfieber. Gegen Malaria (nur in Lagen unterhalb 1500 Metern) reicht in der Regel ein Standby-Präparat (Malarone). Sehr wichtig sind aber ein effizienter Mückenschutz und leichte, langärmlige und -beinige Kleidung, denn in Ecuador tritt immer wieder Dengue-Fieber auf. Gegen letzteres gibt es keine Chemoprophylaxe. Aufgrund der Höhenlage von Quito kann es dort in den ersten Reisetagen zu Anzeichen von Höhenkrankheit wie Schwindel, Kopfschmerz, Schlaflosigkeit und Übelkeit kommen.

Deutschsprachiger Arzt
Dr. Wilson Pancho, Av. de los Shyris y República de El Salvador, Edificio Onix, Quito
Tel. (02) 246 95 46
mobil: 097/94 30 18

Deutschsprachiger Zahnarzt
Dr. Roberto Mena, La Coruña e Isabel la Católica, Quito
Tel. (02) 256 91 49
mobil: 098/12 04 64

Klima & Reisezeit

Das Äquatorland kann das ganze Jahr über bereist werden, insgesamt verändert sich das Klima mehr mit der Höhenlage als mit der Jahreszeit.
Anden: Von Februar bis Juni und im November regnet es am häufigsten. Juli, August und Januar sind eher sonnig. Faustregel: Frühling am Morgen, Sommer zu Mittag, Herbst am Nachmittag und laue Winternächte kaum unter fünf Grad.
Küste/Galapagos: Ausgerechnet in den Regenmonaten von Dezember bis Mai scheint nachmittags fast immer die Sonne. Im Sommer (Juni bis November) dagegen sorgt der Humboldtstrom für Nebel und graue Wolken am Himmel, die aber keinen Regen bringen.
Amazonien: Gewöhnlich sind Juni, Juli und August die niederschlagsreichsten Monate. Doch auch zur Trockenzeit sind regelmäßige apokalyptische Schauer nicht selten – schließlich ist dies ein Regenwald.

Zeitunterschied

Das Festland liegt 6 Stunden, die Galapagos-Inseln 7 Stunden hinter der mitteleuropäischen Winterzeit. Da es in Ecuador keine Sommerzeit gibt, sind es im Sommer 7 bzw. 8 Stunden Zeitunterschied.

Telefonieren

Vorwahl für Ecuador: 00 593. Nach Deutschland wählt man 00 49, nach Österreich 00 43, in die Schweiz 00 41. Deutsche Mobiltelefone funktionieren nicht. Wer mobil erreichbar sein will, kauft für ca. 30 € ein ecuadorianisches Gerät und Prepaid-Karten. Es gibt außerdem an fast jeder Ecke Internet-Cafés und Telefonläden, aus denen man über günstige Internet-Verbindungen in Europa anrufen kann.

La Condamine vermisst den Äquator. Aus der Geografie ergibt sich der Landesname.
1767 Vertreibung der Jesuiten aus den spanischen Kolonien.
1802 Alexander von Humboldt bereist Ecuador.
10. 8. 1809 Erste Unabhängigkeitserklärung Lateinamerikas.
1822 Antonio José Mariscal de Sucre schlägt die Spanier in der Schlacht von Pichincha. Großkolumbien trennt sich vom spanischen Mutterland.
1830 Ecuador trennt sich von Großkolumbien und wird selbstständig.
1880 Beginn des Kakaobooms.
1895 General José Eloy Alfaro leitet die liberale Revolution ein: Religionsfreiheit, Frauenwahlrecht, zivile Ehe und Scheidung, Enteignung kirchlichen Großgrundbesitzes.
1911 Der erste Dampfzug fährt von Guayaquil nach Quito.
1912 Ermordung Eloy Alfaros.
1934 José Maria Velasco Ibarra gewinnt die erste von fünf Präsidentschaftswahlen.
1941 Peru marschiert nach Ecuador ein und bekommt im „Protokoll von Rio" 200 000 km² Landfläche zugesprochen.
1948 - 55 Beginn des Bananenbooms. In sieben Jahren steigt der Anteil am Exportvolumen von 3 % auf 42 %.
1972 Beginn des Erdölbooms.
1995 Erneuter Grenzkonflikt mit Peru in der Cordillera del Cóndor.
1996 Bei den Olympischen Spielen in Atlanta holt der Geher Jefferson Pérez das erste Gold für Ecuador.
1998 Präsident Jamil Mahuad Witt unterzeichnet mit sei nem peruanischen Amtskollegen Alberto Fujimori einen Friedensvertrag.
2000 Der US-Dollar wird Landeswährung.
2006 Rafael Correa wird von rund 60 % der Wahlberechtigten zum Präsidenten gewählt und verkündet den „Sozialismus des 21. Jahrhunderts".
2007 Bei der Leichtathletik-Weltmeisterschaft in Osaka holt Jefferson Pérez zum drittenmal Gold.

INFORMATION

Ecuadorianische Zentrale für Tourismus
Tel. (00800) 59 30 05 93
www.visitecuador.de

ANREISE

Buchung
Ecuador ist vor allem ein Ziel für Individualtouristen. Vor Ort organisieren lokale Agenturen Kreuzfahrten, Berg- oder Regenwaldtouren. Wer nur wenig Zeit hat, um das Land zu erleben, bucht am besten von Deutschland aus eine organisierte Rundreise. Etliche Veranstalter haben Ecuador im Programm. Marco Polo zum Beispiel bietet sowohl Gruppenreisen zu festen Terminen (ab 2999 €) als auch maßgeschneiderte Reisen im Leihwagen mit deutschsprachigem Guide und Fahrer (ab 4599 €). Information und Buchung unter **www.marco-polo-reisen.com** oder telefonisch unter **(08 00) 44 01 44 01.**

Flug
Von Frankfurt, Wien oder Zürich gibt es keine Direktflüge nach Ecuador. KLM fliegt sechsmal wöchentlich von Amsterdam über Bonaire erst nach Guayaquil, dann nach Quito, Tickets ab 960 €. Iberia fliegt täglich von Madrid nach Quito und über Guayaquil zurück, Tickets ab 1060 €. Allerdings ist Iberia nur bedingt empfehlenswert, da die Flüge auf der „Auswanderlinie" nach Spanien häufig lange Verspätungen haben. Lufthansa fliegt täglich bis Caracas, Tickets ab 759 €. Von dort gibt es Anschlussflüge nach Quito.

Einreise
Touristen aus EU-Staaten und der Schweiz bekommen bei der Einreise ein mindestens 30 Tage gültiges Visum in den Pass gestempelt. Dieses kann um bis zu 180 Tage verlängert werden. Der Reisepass sollte noch mindestens sechs Monate gültig sein.

UNTERWEGS IN ECUADOR

Grundsätzliches
MERIAN hat alle Hinweise, Öffnungszeiten und Preisinformationen so gründlich wie möglich recherchiert und mehrfach überprüft. So gründlich wie möglich bedeutet in einem Land wie Ecuador: Es stimmt wahrscheinlich trotzdem nicht alles. Öffnungszeiten und Preise ändern sich von einem Tag auf den anderen, Websites oder Telefonnummern funktionieren wochenlang bestens, dann wieder tagelang nicht. Wir bitten Sie deshalb um Verständnis, wenn die eine oder andere Information nicht den Tatsachen entspricht, die Sie als Reisender vorzufinden erhofffen.

Mit dem Flugzeug
Inlandsflüge mit der staatlichen TAME oder den privaten Airlines Icaro oder Aerogal sind nicht teuer (ab 40 € pro Strecke), es sei denn, das Ziel sind die Galapagos-Inseln (Hin- und Rückflug ab 280 €). Die meisten Provinzstädte haben Flughäfen, die von Quito oder Guayaquil aus angeflogen werden.

Mit dem Bus
Die günstigste Art zu reisen. Täglich verkehren über 27 000 Busse kreuz und quer durch das Land. Viele sind klapprig und fahren mit hohem Tempo über die holprigsten Pisten und an schwindelerregendsten Abgründen entlang. Wann immer möglich sollte man *Selectivo*- oder *Ejecutivo*-Busse wählen, die einen *Servicio Directo* anbieten – also nicht an jeder Milchkanne halten, um Bauern samt Federvieh einzuladen. Die renommiertesten Gesellschaften sind Panamericana, Flota Imbabura, Transportes Ecuador und Transportes Loja. Generell gilt: Eine Stunde Busfahrt über Land kostet etwa 1 €.

Mit dem Leihwagen
Für versierte Fahrer mit Entdeckerlaune und Vertrauen in die eigenen Fahrkünste eine wunderbare Herausforderung. Ein komplett versichertes Fahrzeug, möglichst ein SUV mit Allradantrieb, ist zu empfehlen (ca. 500 € pro Woche), außerdem Spanischkenntnisse, denn die Straßenbeschilderung ist mehr als mangelhaft und detaillierte Straßenkarten existieren nicht. Vor nächtlichen Fahrten wird dringend gewarnt!

Sicherheit
Im Vergleich zu den Nachbarländern Peru und Kolumbien ist Ecuador ein relativ sicheres Reiseland. Raubüberfälle sind selten, Entführungen absolut unüblich. Taschendiebstahl gehört jedoch auch in Ecuador leider zum Alltag. In Quitos Altstadt und dem Zentrum von

4
3
4
6
4
2
3
3
2
5
2
2
3
2
1
4
4
5
4
2
2
4
3

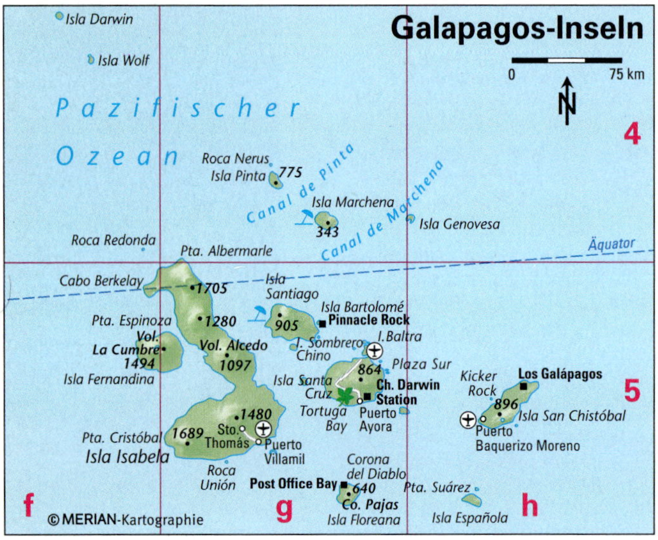

6 Puyango ... B 6
5 Puyo ... D 4
4 Quito ... C 2/3
3 Riobamba ... C 4
2 Res. Ec. Antisana (Naturpark) ... C/D 3
3 Res. Ec. El Angel (Naturpark) ... D 2
5 Res. Faunística Cuyabeno (Naturpark) .. E/F 2/3
2 Romerillos ... C 6
3 Salima ... B 2
3 Salinas ... A 4
5 San Vicente ... A/B 3
4 Santa Elena ... A 4/5
4 Saquisilí ... C 3
7 Sarayacu ... D 3
5 Shell ... D 4
3 Taita Imbabura ... C 2
4 Tena ... D 3
2 Tigua ... C 3
3 Zamora ... C 6

Sehenswert in Cuenca

Blumenmarkt ... c 5
Calle Larga ... b 5-d 6
Catedral Nueva ... c 5
Catedral Vieja ... c 5
El Barranco (Viertel) ... b 5
Museo del Monasterion de la Concepción ... c/d 5/6
Panamahut-Museum (Museo del Sombrero) ... b 5
Puente del Centenario ... b/c 6
Puente del Vado ... a 5
Todos Los Santos ... d 6

Sehenswert in Quito

Casa de la Cultura ... f 3
Casa Sucre ... b 2
Museo de la Ciudad ... b 2
San Agustín ... c 2

MERIAN-Straßenkarte
ECUADOR
KOLUMBIEN
PERU
Esmeraldas
Carchi
Imbabura
Siehe unten rechts
Napo
Sucumbíos
Orellana
Cotopaxi
Bolívar
Chimborazo
Pastaza
Morona
Santiago
Cañar
Zamora
Chinchipe
QUITO
Sto. Domingo de los Colorados
Ibarra
Tulcán
Pasto
Florencia
Latacunga
Ambato
Riobamba
Cuenca
Loja
Lago Agrio (Nueva Loja)
Andes
0
75 km
Autobahnähnliche Straße
Fernverkehrsstraße
Hauptstraße
Nebenstraße
Flughafen; Flugplatz
Nationalpark
Information
Kirche; Kloster
Markt
Museum
Denkmal
Leuchtturm
Höhle
© MERIAN-Kartographie
VENEZUELA
GUYANA
SURINAM
FR. GUAYANA
KOLUMBIEN
Galapagos-Inseln
Quito
Äquator
ECUADOR
BRASILIEN
PERU
BOLIVIEN
PARAGUAY
CHILE
URUGUAY
ARGENTINIEN
Pazifischer Ozean
Atlantischer Ozean
Ausschnitt Großraum Quito
Pichincha
0
60 km

MERIAN | GESCHICHTE

Dämmerstunde im Reich der Sonne

Atahualpas Niederlage: Knapp 200 spanische Soldaten überlisteten ein riesiges Inka-Heer

Der Seebär **Bartolomé Ruiz** war der erste Europäer, der **1526** von Panama aus über die Äquatorlinie vor die Westküste Südamerikas segelte. Dort traf er auf ein riesiges Balsafloß, das, abgesehen von 20 Mann Besatzung, auch Gold, Silber, Smaragde und Baumwolle transportierte. Von den beschriebenen, unermesslichen Reichtümern angelockt, erforschte ein paar Monate später auch der Konquistador **Francisco Pizarro** die äquatorialen Küstengewässer. Während einer zweiten Expedition gelangte er **1531** wiederholt in den **Golf von Guayaquil** und ankerte im heutigen Puerto Pizarro an der peruanisch-ecuadorianischen Grenze.

Dort erfuhr er von **Atahualpas** leidvollem Sieg im Bruderkrieg zwischen dem südlichen und nördlichen **Inka-Reich**. Der in die Jahre gekommene Eroberer durchstreifte von Kampfhandlungen verwüstete Ortschaften und entvölkerte Landstriche – und erkannte den Vorteil, den er aus dem Krieg der Inka ziehen könnte. Am **16. November 1532** stellte er Atahualpa eine Falle: Bei einem vereinbarten Treffen befahl Pizarro dem Dominikanermönch **Valverde,** dem Inka-Herrscher auf der Plaza von Cajamarca zunächst aus der Bibel vorzulesen. Die spanischen Soldaten, **106 an der Zahl und 62 Reiter**, hielten sich in umliegenden, durch die Kriegswirren leer stehenden Gebäude versteckt. Nach der Bibelstunde forderte Pizarro im Namen seines **Königs Karl V.**, gekrönt vom allmächtigen Papst, dem Vertreter Gottes auf Erden, die Rechte über Atahualpas Land und seine Bewohner.

Der Inka-Kaiser, auf einer prachtvollen, mit Gold und Papageienfedern geschmückten Sänfte ruhend, von Sänger- und Tänzergruppen begleitet, hatte wohl gehofft, die Spanier als Verbündete zu gewinnen, was den Pomp seines Auftrittes erklären würde. Nach der dreisten Forderung Pizarros sprang er von der Sänfte, riss dem Dominikaner Bibel und Kreuz aus der Hand und warf sie zu Boden.

Das war für Pizarro **der Moment zum Zuschlagen**: „Tretet hervor, Ihr Christen!“ rief er. Schwerter blitzten auf, Vorderlader krachten, Pferde bäumten sich auf, Bluthunde kläfften, Kanonenschläge ließen die Erde erzittern. Das Inka-Heer, Tausende von Kriegern, stürmte panisch vor Entsetzen auseinander, während der völlig verblüffte Atahualpa in Geiselhaft genommen wurde. Das Schicksal der Inka war besiegelt, der Weg für ein **300 Jahre währendes Kolonialreich** geebnet.

Gold-Maske aus der La-Tolita-Kultur, die den Sonnengott verehrte

Pizarro versprach Atahualpa gegen ein hohes Lösegeld die Freiheit. Ein Raum sollte mit Gold, zwei weitere mussten mit Silber gefüllt werden. Doch **nach Lieferung des Schatzes** ließ Pizarro den Inka-Herrscher trotz heftigen Widerspruchs aus seinen eigenen Reihen zum Tode verurteilen. Am **26. Juli 1533** wurde Atahualpa mit der Garotte erdrosselt, kurz zuvor hatte man ihn noch auf den Namen Juan Francisco getauft. Dies sollte ihm die Verbrennung bei lebendigem Leibe ersparen.

Wenig später fielen die Spanier in Cuzco und Tomebamba (Cuenca) ein – es wurde ihnen kaum noch Widerstand geleistet. Gelohnt hat sich der Hinterhalt auf jeden Fall: Bis **zum Jahr 1550** trafen im andalusischen Sevilla 25 Tonnen Gold aus den Anden ein. Es waren fast die gesamten, zu Barren eingeschmolzenen Kulturschätze der Inkas. Und wieviel die Konquistadoren für sich selbst zurückbehielten, weiß bis heute niemand.

DATEN ZUR GESCHICHTE

10 000-8 000 v. Chr. Jäger-, Fischer- und Sammlerkulturen. bei Quito und auf der Halbinsel Santa Elena (Las-Vegas-Kultur).
600 v. Chr.-400 n. Chr. Die La-Tolita-Kultur schmilzt Platin.
500-1300 Manteños und Huancavilcas an der Küste, Cara-Quitu im nördlichen und Cañari im südlichen Hochland.
1450-1530 Die Inka erobern das heutige Ecuador.
1497 Geburt von Atahualpa, des letzten Inka-Kaisers.
16. 11. 1532 Francisco Pizarro überlistet die Inka.
Beginn der Kolonialherrschaft.
26. 7. 1533 Atahualpa wird hingerichtet.
6. 12. 1534 Gründung Quitos.
1542 Francisco de Orellana entdeckt und erforscht den Amazonas.
1736-43 Charles Marie de

Ecuador Volker Feser, Michael Müller-Verlag, 672 S., 24,90 € Die „Ecuador-Bibel" vom Autor des MERIAN-Serviceteils. Sehr praktische Informationen und Tipps

Zahlungsmittel
Landeswährung ist der US-Dollar. Der Wechselkurs liegt bei 1 US-$= 0,68 Euro (November 2007). Wichtig ist ein guter Vorrat an kleinen Scheinen, schon 20-Dollar-Noten machen oft Probleme. In Städten kann man mit EC- Karten an Automaten Geld abheben. Alle besseren Hotels und Restaurants akzeptieren Kreditkarten.

Trinkgeld
Im Restaurant ist eine *propina* von bis zu 10% üblich. Liftboys, Kofferträger, Türsteher oder Parkwächter freuen sich über 25- oder 50-Cent-Münzen. Für kenntnisreiche Guides und verantwortungsbewusste Fahrer sollten 5-10 Dollar pro Tag veranschlagt werden.

FESTE & FEIERTAGE

Ende Februar Karneval, der authentischste findet in Guaranda in der Provinz Bolívar statt
21. März Fiesta del Equinoccio zur Tag-und-Nacht-Gleiche am Äquator-Monument
Ende Mai/Anfang Juni Fiesta de Corpus Christi, indianischer Fronleichnam mit Maskentänzen in Pujili bei Latacunga, Salasaca bei Ambato und Cañar bei Cuenca
24. Juni Inti Raymi, indianische Sonnenwendfeste
29. Juni Fiesta der Fischerheilgen San Pedro y San Pablo mit Prozessionen auf dem Meer in Súa (Esmeraldas), Crucita (Manabí), San Pedro (Santa Elena) und Playas (Guayas)
zwischen 20. und 23. Juli Paseo del Chagra, eintägige raffinierte indianische Reiter- und Lassospiele in Machachi
10. August Unabhängigkeitstag
23./24. September Fiesta de la Mama Negra in Latacunga
12. Oktober Fiesta del Montubio, waghalsige Rodeos in zahlreichen Orten der Küstenregion
2. November Allerseelen auf allen Friedhöfen des Landes
6. Dezember Quitos spanische Stadtgründung. Kulturveranstaltungen und Stierkämpfe ab der letzten Novemberwoche

Ecuador-Spezialist
Volker Feser, der Autor des MERIAN-Serviceteils, lebt seit 1986 in Ecuador. Seine Reiseagentur in Quito organisiert Rundreisen und Galapagos-Kreuzfahrten.
Joaquín Pinto 356 y J. L. Mera
Tel. (02) 250 05 36
www.salsareisen.com

LITERATUR

Alle hier vorgestellten Bücher können Sie portofrei bestellen über http://shop.merian.de

Reiseführer

Bergführer Ecuador Günter Schmudlach, Panico-Alpinverlag, 224 S., 19,80 € Sehr umfassend. Perfekt für Wanderer.

Ecuador Peter Korneffel, DuMont Richtig Reisen, 432 S., 24,95 € Ganz neu auf dem Markt, umfassend recherchiert.

Bildbände

Galápagos. Hubert Stadler, Brigitte Fugger, Wolfgang Bittmann, Bruckmann Verlag, 127 S., 14,95 € Schöne Fotos und informative Texte zur Entstehung, Fauna und Flora der Inseln.

Galápagos. Inseln aus Feuer geboren Tui de Roy, Tecklenborg Verlag, 160 S., 49,80 € Spektakuläre Bildern von Tieren und Landschaft der Inseln.

Sachbücher

Auf den Spuren des Panamahutes Tom Miller, Goldmann, 286 S., 11 € Der Panamahut kommt aus Ecuador. Spannende Geschichte einer alten Kopfbedeckung.

Der weite Himmel über den Anden Carmen Rohrbach, 205 S., 11 € Ein erzählerischer Bericht aus den Anden.

Die Fahrt der Beagle Charles Darwin, 670 S., 39,90 € Reisenotizen des 22-jährigen Darwin von seiner fünf Jahre dauernden Weltumsegelung, in deren Verlauf er 1529 Spezies in Spiritus einlegte und 3907 Fundstücke etikettierte.

Heiler, Rituale und Patienten Bernhard Wörrle, Reimer, 380 S., 30 € Die Schamanenwelt Ecuadors, ganz ohne esoterische Blauäugigkeit erklärt.

Kulturschock Ecuador Julia Pfaffenholz, Raul Jarrín, Reise Know-How, 276 S., 14,90 € Wertvolle Tipps, wie man Fettnäpfchen umgeht.

Über einen Versuch den Gipfel des Chimborazo zu ersteigen Alexander von Humboldt, Oliver Lubrich, Ottmar Ette, Eichborn, 195 S., 19,90 € Wie Alexander von Humboldt, der „Wiederentdecker Amerikas", an einem windig-kalten Ort das Fürchten lernte. Ein spannendes Psychogramm des großen deutschen Naturforschers.

Von Amazonien nach Galápagos Peter Korneffel Horlemann, 197 S., 12,90 € 30 Reportagen und Portraits.

The Birds of Ecuador, I & II Robert Ridgely, Paul Greenfield, Cornell University Press, 992 S., 109,98 € Der Führer zur Bestimmung von 1600 Vogelarten.

The Spears of Twilight Philippe Descola, New Press, 512 S., 4,40 € Der französische Anthropologe lebte drei Jahre mit den Achuar im Dschungel.

Belletristik

Agaven am Fluß Eddy Langer, Principal, 484 S., 24,80 € Ein sehr fesselnder Roman über ein Emigrantenschicksal in einem völlig fremden Land.

Blut für Bolívar Detlef Blettenberg, Pendragon, 296 S., 9,90 € Die beiden Polit-Thriller „Weint nicht um mich in Quito" und „Agaven sterben einsam" in einem Band.

Das Land in Zahlen

Name República del Ecuador
Fläche und Lage 283 600 km^2 (etwa so groß wie Italien) im nordwestlichen Südamerika. Nord-Süd-Ausdehnung 720 km, Ost-West-Ausdehnung (ohne Galapagos) 650 km, Grenzen zu Kolumbien (590 km) und Peru (1 420 km)
Einwohner 13 Millionen, davon sind fast 4 Millionen ausgewandert, v.a. nach Spanien, USA und Italien. Ethnische Gruppen: 55% Mestizen, 20% Indígenas, 15% Weiße, Asiaten und Araber, 10% Schwarze und Mulatten. Außerdem fast 4 000 Deutsche und 1800 Schweizer
Religion über 90% Katholiken
Bevölkerungsdichte 49 Einwohner/km^2, größte Bevölkerungsdichte Südamerikas
Hauptstadt Quito mit 2,5 Millionen Einwohnern, größer ist Guayaquil mit 2,8 Millionen Einwohnern. Weitere große Städte sind Manta (400 000 Einwohner) und Cuenca (350 000 Einwohner)
Höchste Berge
Chimborazo 6 310 m
Cotopaxi 5 897 m
Cayambe 5 790 m
Antisana 5 704 m
Längster Fluss Río Napo fast 500 km in Ecuador
Küstenlinie 2 240 km
Wald etwa 10 Mio. Hektar, davon zwei Drittel unter Naturschutz, dennoch eine der höchsten Abholzungsraten Südamerikas
Wirtschaft Bruttoinlandsprodukt etwa 3 000 US$ pro Kopf, Wachstum 2007 unter 3%; wichtigste Ausfuhrgüter: Erdöl, Bananen, Fisch und Meeresfrüchte, Schnittblumen, Kakao; wichtigste Handelspartner: USA, Peru, Kolumbien

Freuen Sie sich auf das nächste Heft | Im Handel ab 24. Januar 2008

Im Papamobil wird Papst Benedikt XVI. bei Audienzen über den Petersplatz gefahren. Sein Bethaus ist der riesige Petersdom. Seit 500 Jahren bewachen Schweizergardisten die päpstliche Residenz

Zuletzt erschienen:

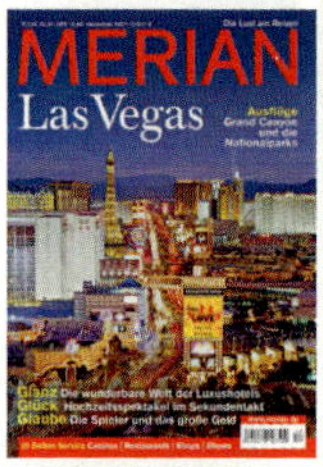

Dezember 2007

November 2007

Oktober 2007

September 2007

August 2007

Juli 2007

Vatikan Weltmacht im Kleinen

Der Zwergstaat in Rom ist 44 Hektar groß. Regiert wird er von einem absoluten Monarchen. Für mehr als eine Milliarde Menschen aller Kontinente ist er das Zentrum ihres Glaubens. Millionen pilgern jedes Jahr herbei, um zu beten und um Kunstschätze zu bewundern, die Päpste in 2000 Jahren zusammentrugen.

> Faszination Papsttum: Ein Gottesstaat, den nichts erschüttern kann
> Frauen im Vatikan: Vom Wandel in der ehelosen Männerwelt
> Petersdom: Ein Tag in der größten Kirche des christlichen Abendlandes
> Sixtinische Kapelle: Wie der Maler Michelangelo die Erde noch einmal erschuf

Verpassen Sie nicht die nächsten Ausgaben von MERIAN: | Kärnten | Stuttgart | Andalusien | Zürich | Peking | Südtirol Abotelefon (040) 87 97 35 40 oder www.merian.de